歴史文化ライブラリー
386

地方官人たちの古代史

律令国家を支えた人びと

中村順昭

吉川弘文館

目　次

平城京の繁栄を支えたもの——プロローグ

平城京の時代

奈良国立博物館で毎年開かれる正倉院展では、奈良時代のさまざまな文物が展示されて、天平文化の輝きを目の当たりにすることができる。正倉院展の時期でなくても、興福《こうふく》寺や東大寺などの寺院には文化財が多く残されていて、奈良時代という時代をしのぶことができる。平城遷都一三〇〇年を記念して造られた大極殿《だいごくでん》の復原建物に立って、平城宮跡の広大な遺跡公園を眺めて、ここに役所の建物を集中的に置いていた政府の力とはどのようなものであったのかを考えてみたくなる。平城宮は役所の空間で、その東西と南にさらに広大に、貴族・官人や庶民の住む平城京が広がっていて、平城京には全国各地からさまざまな人や物品が集められていたことが知られている。平城京を中心にした古代国家の繁栄には、当時の政府の強力な全国支配がその背景にあった。

正倉院展でほぼ毎回展示されるものに、古代の戸籍がある。大宝二年（七〇二）の御野《みの》（美濃）国（現在の岐阜県）や筑前《ちくぜん》国（福岡県）・豊前《ぶぜん》国（福岡県東部と大分県西部）の戸籍、養老五年（七二一）の下総《しもうさ》国（千葉県北部とその周辺）の戸籍などである。端正な文字で、一人一人の氏名や年齢などを整然と書き上げている。律令という古代の法では、六歳以上の人々に口分田《くぶんでん》が与えられ、死亡するとその田は収公されることになっていた。いわゆる班田収授《はんでんしゅうじゅ》の制度で、戸籍はそのための基本台帳となる文書である。国やその下に置かれた郡などの地方の役所で作成され、現地で必要に応じて用いられるほかに、同じものが中央政府に送られた。現在残されているのは、この中央に送られたものである。律令の規定に基づいて、全国で戸籍が造られたことを示す証拠である。

また、律令には租《そ》・調《ちょう》・庸《よう》などの租税が規定されていて、その中の調と庸は都に運ばれて、中央政府の財源とされていた。平城宮の遺跡から多数出土する木簡《もっかん》の中には、全国各地から送られた調・庸などの物品に付けられた荷札の木簡があり、中には調・庸を差し出した個人の名まで記したものもある。これらも律令に定められていた税が実際に都まで送られていたことを示している。このような租税の貢進を担ったのも、国司《こくし》や郡司《ぐんじ》などの地方官人たちである。

律令では、全国の民衆には男に二段（約二三・七アール）、女にはその三分の二の面積の田を口分田として与えられることになっていた。地域によっては、人口に見合うだけの田地面積がないところもある。そのような場合には、離れた場所に口分田を班給することとしていて、均等に班給することをめざしている。大宝元年前後に制定・施行された大宝律令によって日本の律令制度は整備されたが、その約二五年後の神亀二年（七二五）七月に志摩《しま》国（三重県の志摩半島東部）の百姓の口分田を、伊勢《いせ》国（三重県の大半）や尾張《おわり》国（愛知県西部）に班給することが命じられ（『続日本紀《しょくにほんぎ》』）、実際に尾張国に志摩国の百姓の口分田があったことも他の文書で確認できる。志摩半島は山がちで田畠の面積は少ない。志摩国の人々の多くは、海産物を採ることで生活を立てていたのだろうし、それまでも志摩国の人々の生計は成り立っていた。尾張国に口分田をもらっても、志摩国と尾張国の間には伊勢国があり、尾張国までは志摩国の農民が日々往来できるような距離ではない。おそらく尾張国で付近の人々に耕作させ、収穫の五分の一程度を地子《じし》（田地の貸し賃）として志摩国の人々に送ったのだろう。このように一律に口分田を班給しようとする中央政府の建て前と、現地の状況とのあいだには大きな差があった。それを調整したのが、国司・郡司といった地方官人たちである。

日本独自の郡司

よく知られているように、国司は中央官人が任じられ、ある程度の期間赴任して、任が終わると京に戻ったり、他の国に移ったりしたが、郡司は現地の人間が任じられることになっていた。郡司が現地の人間で組織されることは、日本古代の律令が手本とした中国の唐の制度と大きく異なっていた。唐の地方制度は州県制で、州が国、県が郡に対応する。唐では州だけでなく県の官人も中央から派遣され、その下に現地採用の下級職員が活動することはあったが、県の官人そのものは現地人ではなかった。それに対して、日本の郡司は、責任者の大領《だいりょう》・少領《しょうりょう》をはじめ、すべて現地人が任じられた。そして郡司の大領・少領は、任用に際して家柄が重視されていた。

　このような郡司のあり方は、律令制度を唐から取り入れるにあたって、現地で実際に民衆を支配していた豪族の力に頼らなければならなかったことを表している。現地で支配力を持つ郡司が、戸籍の作成や租税の徴収の実務を担っていた。唐の制度とは異なる郡司という官職を設けて、地方豪族を官僚として組織しようとしたのである。このため郡司には官僚としての側面だけでなく、地方豪族としての側面も残された。

　平城京などの都には全国から調・庸などの租税物が集められたが、それを可能にしたのは郡司となった地方豪族の支配力であった。律令制の特色の一つは、整った官僚機構にあるが、その官僚機構の最も基礎になる部分に地方豪族の支配力という、官僚制の原則とは異なる要素を持っていたのである。そのような古代国家の基礎になった郡司の制度は、ほかの律令の諸制度と同様に、七世紀後半から整備され、八世紀初頭の大宝律令によって確立するが、九世紀にはかなり変質し、一〇世紀にはほとんど形骸化し、行政上の機能を失っていったと考えられている。このような郡司については、これまでも多くの研究が積み重ねられているが、郡司やそれを取り巻く地方社会については史料が乏しいこともあって、わからないことが多い。その実態についても、成立や変質の過程についても、必ずしも共通の理解が得られていないのである。それでも可能な限り郡司の具体像に迫ることで古代史に対する理解が深まるだろうと考えている。

地方の木簡と古文書

八・九世紀の歴史を調べる上での基本になる史料は、『続日本紀』などの正史と律令や格式などの法制史料であるが、それに加えて八世紀の史料には、正倉院文書という大量な文書や、平城京をはじめ各地で出土する木簡がある。それらによって、奈良時代の歴史や平城京についてはある程度は具体像を描くことができる。正倉院文書はほぼすべて奈良時代の文書類で、また木簡は現在まで見つかっている九割以上が平城京の遺跡から出土した奈良時代の木簡である。平安時代に入って九・一〇世紀には、文書や木簡など史料の量は大きく減ってしまう。律令制度は変質し、社会の変化もあったが、その変化の過程を具体的に知ることはかえって難しくなっている。

正倉院文書も平城京木簡も、都に送られたり、都で書かれた文書や木簡である。平城京の様相を知る上では大いに有効だが、地方の社会を示すものは多くはない。『続日本紀』

などの正史は中央政府の歴史書であるから、郡司など地方行政についての法や制度は記録されているが、さまざまな地域の具体像はほとんど記されていない。それでも、一九七〇年代頃から郡司の役所や、その出先機関と見られる遺跡が全国各地で見つかってきて、時にはそこから木簡が出土するなど、郡司や地方社会について考える素材が増えてきている。地方の遺跡から出土する木簡は八世紀に限らず、九世紀以降のものも多い。地方で出土する木簡は、その現地で用済みとなって廃棄されたものであり、都まで送られた文書や木簡とは内容や書き方が異なっている。それらを使って、従来から知られている諸史料を見直すと、郡司のあり方や、地方社会の実像をとらえ直すことができる。

本書では、こうした史料を用いながら、律令制の時代といわれる八・九世紀の郡司とその周辺の具体的な様子を、さまざまな研究成果に基づいて紹介するとともに、さらにその成立過程として七世紀後半の様子についても触れている。郡司を手がかりにして、地方行政から村々のあり方を考えることで古代史像を豊かなものにすることが本書のねらいである。

国・郡の支配者たち

郡司のお触れ書き

加賀郡司のお触れ書き木簡

二〇〇〇年（平成十二）に石川県加茂《かも》遺跡で大型の木簡《もっかん》が発見された。嘉祥二年（八四九）二月十二日に出された加賀《かが》国加賀郡の郡司《ぐんじ》の命令を、縦二三・三チセン、横六一・三チセンの板に書いたもので、ほぼ完形で出土した。現在は文字の墨はほとんど見えなくなっているが、木が全体にやせていったのに、墨の付いた文字の部分だけ風化が少なく盛り上がった状態になっているので文字が判読できる。このように風化したのは、この木簡が屋外に長時間さらされていたためで、この命令書が掲示板として掲げられていたことを示している。いわばお触れ書きである。

この木簡が古代史研究者の間で話題になったのは、板に書かれたお触れ書きという形の珍しさばかりではない。その内容である。従来は、九世紀には郡司制度はかなり変質して、

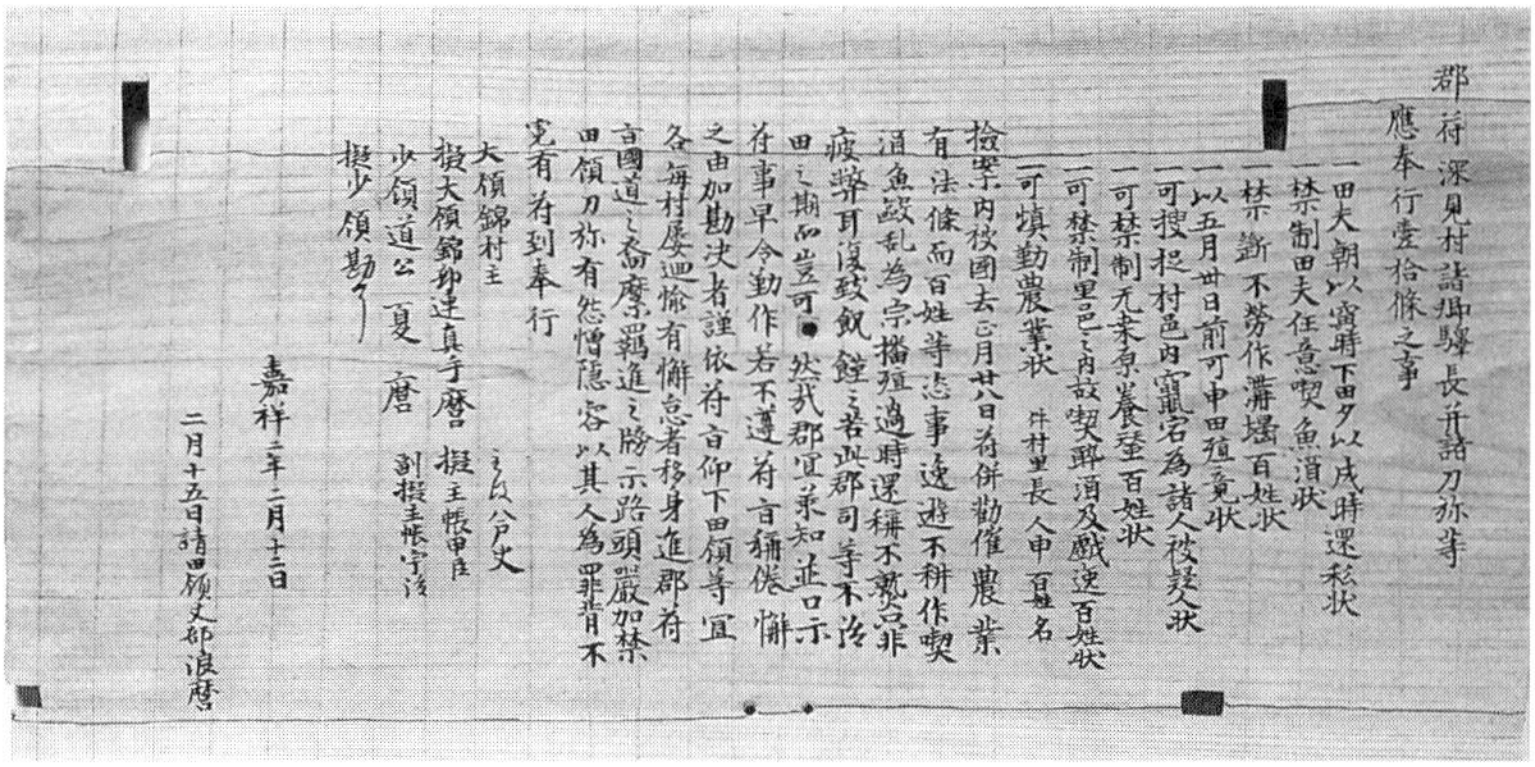
郡符　深見村□郷駅長并諸刀祢等
応奉行壹拾条之事
一田夫朝以寅時下田夕以戌時還私状
一禁制田夫任意喫魚酒状
一禁断不労作溝堰百姓状
一以五月卅日前可申田殖竟状
一可捜捉村邑内竄宕為諸人被疑人状
一可禁制无桑原養蚕百姓状
一可禁制里邑之内故喫酔酒及戯逸百姓状
一可填勤農業状　件村里長人申百姓名
検案内被国去正月廿八日宣偁勧催農業
有法条而百姓等恣事逸遊不耕作喫
酒魚殴乱為宗播殖過時還称不熟只非
疲弊耳復致飢饉之苦此郡司等不治
田之期而豈可●然哉郡宜承知並口示
符事早令勤作若不遵符旨称倦懈
之由加勘決者謹依符旨仰下田領等宜
各毎村屡巡愉有懈怠者移身進郡符
旨国道之裔縻羈進之牓示路頭厳加禁
田領刀祢有怨憎隠容以其人為罪背不
寛有符到奉行
大領錦村主　主政八戸史
擬大領錦部連真手麿　擬主帳甲臣
少領道公　夏□麿　副擬主帳宇治
擬少領勘了
嘉祥二年二月十二日
二月十五日請田領丈部浪麿

図１　加賀郡司のお触れ書き木簡　復原複製
（石川県埋蔵文化財センター所蔵，国立歴史民俗博物館提供）

九世紀半ばには郡司の行政上の力は衰えていたと考えられていた。ところが、この木簡では、郡司が個々の農民たちの生活に関わる命令を出し、しかも掲示させてそれを伝えていて、郡司の強い支配力があったとも見られることで、九世紀の郡司や地方社会に対するイメージに再検討を迫るものであったのである。長文であるが、全体を現代語訳しておく。

郡が深見《ふかみ》村の□（諸カ）郷駅長并《なら》びに諸《もろもろ》の刀禰《とね》等に命じる

行うべき十箇条のこと

一、田夫《でんぷ》は朝は寅《とら》時に田に下り、夜は戌《いぬ》時に帰るべきこと

一、田夫は意のままに魚酒を飲食してはならぬこと

一、溝や堰《せき》を管理しない百姓を禁断する

こと

一、五月三十日以前に田植えを終えて報告すること
一、村内に隠れている浮浪人《ふろうにん》を捜し捕らえるべきこと
一、桑畑がないのに蚕を養う百姓を禁じること
一、里のうちで酒に酔い、戯れが度を超すのを禁じること
一、農業に勤めるべきこと
　村里の長たる人は、該当する百姓があれば、その名を報告せよ

国司から正月二十八日に次の命令が出された。「農業に励むべきことは法に定めがある。しかし百姓たちは遊んでばかりで耕作に努めず、酒や魚を喰らい、喧嘩ばかりしている。自分で種まきや田植えの時期を逸しているのに、不作だといっている。これでは疲弊するだけでなく、飢饉にもなりそうだ。これは郡司たちの指導が悪いからである。郡司はこの命令を承知して、これを百姓たちに口頭で示して、農事に励ませよ。もし命令に従わずに怠ける者があれば、処罰せよ」と。郡司はこの命令を田領《でんりょう》らに伝えるので、村々を巡《めぐ》って教え諭《さと》せ。怠ける者があればその身柄を送れ。命令の内容を道の傍らに掲示して厳しく禁制を加えよ。田領・刀禰が私情により罰したり隠したりすれば、その人の罪とせよ。背くことは許さない。

そして、大領以下の郡司の名と嘉祥二年二月十二日の日付があり、さらに末尾には「二月十五日請く、田領丈部《はせつかべ》浪麿」とこの命令を受けた田領の名が記されている。

この木簡の文面から見ると郡司は村の生活に細かく立ち入って指示している。しかし、箇条書きに掲げている内容は、それまでもしばしば命じられている事柄が多く、とりたてて新しい命令ではない。他の史料になくて目立つことといえば、寅時（午前四時頃）から戌時（午後八時頃）まで農耕に勤めよと時刻を指定していることだが、朝の四時から夜八時まで野良仕事をせよというのは過酷な命令で、守られたとは考えにくい。

この木簡が出土した加茂遺跡は古代北陸道に隣接し、遺構や遺物から役所的な性格がうかがえ、国司の往来のための駅家《えきか》あるいはそれに類する交通上の施設と考えられている。そのような場所に掲示したのは、北陸道を往来する国司ら官人たちに対して、加賀郡司がきちんと国司の命令を守っていることを示すデモンストレーションの意味が強かったように思われる。お触れ書きの本文の中でも、田領らが「村々を巡って教え諭せ」と書かれているように、農民たちには口頭で伝えられることになっていた。ただし、命令の内容は何度も出ていることなので、このお触れ書きによって農民らの生活に変化や影響があったとは考えられないが、この木簡に見られる命令は、郡司の行政を考える上で興味深い。

この木簡の内容は、冒頭にあるように深見村の郷長《ごうちょう》・駅長および刀禰に宛てて命じたもので、命令自体は紙の文書で出され、それを板に書き写して掲示したのである。加賀郡には深見駅はあるが深見郷という郷はない。古代では村の語は、郷とほぼ同義に用いられたり、郷よりも狭い地域をさす場合もあるが、郷の範囲を越えて村という場合もある。この木簡では、深見村の次の一文字が欠損しているが、残画から「諸」と読めそうなので、「深見村の諸郷」となり、深見村は加賀郡内のいくつかの郷を含む地域をさしたものと考えられている。加賀郡には一〇世紀の『和名類聚抄《わみょうるいじゅうしょう》』では八つの郷があり、その八郷をいくつかの村にまとめていたようである。

郡司と村々

郷長は大宝律令では里長と称したが、霊亀三年（七一七）に里の表記を郷に改めて以降に用いられた呼称で、五〇戸で構成される郷（里）を統括する立場の人である。駅長は三〇里（約一六キロ）ごとに置かれた駅の責任者で、駅には駅戸が所属するので駅長は駅の管理だけでなく、郷長と同じように民政にも関わっていた。刀禰は律令の規定にはない語で、厳密に定義するのは難しいが、地域の有力者を指す語として、平安・鎌倉時代に多く用いられ、この木簡はその意味での刀禰が現れる史料として早い時期のものになる。郷長以外にも郷内には刀禰と呼ばれる有力農民が存在し、郡司からの命令を受けるような立場になっていたのである。

この木簡では、田夫と百姓という二通りの語が用いられている。農民という意味では共通するが、田夫が実際に田を耕作する人々で、百姓は溝や堰の管理をしたり桑畑を営むことについて述べられているので、田夫より上層の農民を指している。農民の中には、指導的立場の刀禰、やや上層の百姓、その下の田夫という階層があったことがわかる。

このお触れ書き木簡は、郷長らに命じたものを、そのまま掲げているので、郷長らは農民らに対して独自に命令を出しているわけではない。郡司が農民らに対する命令の主体となっていて、行政における郡司の重要性は嘉祥二年という九世紀半ばでも維持されていたことが知られる。また本文中では、田領が命令を教え諭すべきことを述べていて、田領に対する命令ともなっている。田領も律令にはない職だが、郡司の配下の職員の一つとして、さまざまな地域で見られる。田領は文字からすると田畠の管理に関わる職であり、この嘉祥二年の郡司の命令は、内容が農耕に関するものが多いので、田領が派遣されたのだろう。郡内に命令を行き渡らせるためには、文書を送るだけでなく、郡司の意を受けた人を派遣して伝えることが必要だったのである。郡司と村々の民衆との間に田領という郡司の配下の人間が仲介していたのである。

浮浪人とは

お触れ書きで挙げられた内容にも少し触れておこう。お触れ書きの第二条には、田夫が意のままに魚酒を飲食することを禁じている。八・九世紀の史料では、有力農民が魚酒を用意して田人を雇うことを禁ずる命令がしばしば出されている。この木簡では雇うことではなく、田夫自身が魚酒を飲食することを禁じていて、ここでの魚酒はいわば贅沢品として、贅沢禁止の命令である。ただし、田夫が魚酒を入手するのは有力農民からであったと考えられるので、魚酒で雇うことの禁止令と実質的には同じことになる。繰り返し出されている禁令は、それが当時の社会で守られなかったことの表れである。

また第五条には浮浪人を捕らえるべきことが挙げられている。浮浪・逃亡は、律令制による支配が崩れていく大きな要因となり、政府はこれに対するさまざまな対策を出している。原則は逃亡人を本籍地に戻すことであったが、本籍地が不明な場合など本籍地に戻すことが困難なことも多かった。八世紀の一時期、浮浪人を現住地で戸籍に付け直す策が採られたこともあったが、八世紀後半からは浮浪人は戸籍とは別に浮浪人帳に登録して、浮浪人身分として租税を取り立てるようになっていった。

浮浪と逃亡はどこが違うのか、ということが古くから種々論じられてきた。また、他所からの浮浪人を流入した村では簡単に受け入れていたのだろうかという疑問もある。浮浪・逃亡をどのように理解するかは、古代の村のあり方を考える上で大きな問題である。これについて、先学の諸研究に導かれて、私なりに理解するところを簡単にまとめておく。

まず浮浪と逃亡の区別について。本籍地から離れたり、衛士《えじ》や防人《さきもり》などが配属先からいなくなるのが逃亡であり、逃亡した先で摘発された場合に、その人物はそこの戸籍に登録されていない人なので浮浪人とされる。つまり非合法の移動によって、本籍地や配属先では逃亡人となり、行った先では浮浪人となるのである。浮浪・逃亡というと、居住する村から他の地域に逃げていったと考えられることが多いが、実際の逃亡の多くは、衛士・仕《し》丁《ちょう》・役民《えきみん》など都の力役に送られた人がその労役から逃れる逃亡であった。逃亡した衛士などは、本籍地に戻って摘発されれば、犯罪人の扱いとなるので戻りにくいため、都の周辺で王臣家《おうしんけ》と呼ばれる貴族らのもとに逃げ込むケースが多かった。王臣家は政府の上級官人であり、逃亡を取り締まる側であるが、自分の利益のためには逃亡人を取り込むことも多かったのである。

また、浮浪・逃亡が生じるもう一つの大きな要因として、戸籍の偽り（偽籍《ぎせき》）があった。調庸や雑徭《ぞうよう》は成年男子にかかるので、その負担を逃れるために男を女と偽って戸籍に登録することが広まった。平安時代の延喜二年（九〇二）の阿波《あわ》国戸籍や延喜八年の周防《すおう》国戸籍が一部分残っているが、そこに記載されたのは大半が女性であり、しかも老人が多く、とても現実を記したとは思えないものである。戸籍が形骸化していたことを示している。このような偽籍は八世紀からしだいに行われていったものと考えねばならない。男を女と偽って戸籍に載せていて、厳しい調査が行われた場合、戸籍に載っている女が実際には存在しないのであるから、その女は逃亡人となる。また村々には戸籍に載っていない男が存在する。戸籍に載っていないので、浮浪人となる。神亀三年（七二六）の山背《やましろ》（山城）国計帳《けいちょう》（計帳は租税徴収のために毎年作成される名簿）には女の逃亡人が多く見られ、租税負担が重くないはずの女がなぜ逃亡したのかについて、さまざまに議論されているが、その多くは偽籍のためであると私は考えている。浮浪人には男が多く、逃亡人には女が多くなるのである。そして取り締まりが緩やかな時期には、口分田が支給されないが租税の負担もなく普通に村に暮らしている男も、厳しく調べられると浮浪人とされてしまう。浮浪人とは、必ずしも他所からの流れ者ではなかったのである。

村々に密着する郡司

中央政府が、国司や郡司の職務として期待したことの最大のものは、租税収入を確保することであり、さらには人口を増加させて租税収入を増やすことであった。人口の増加は戸籍や計帳に現れる。浮浪人の増加は、戸籍上の人口の減少、とりわけ租税を負担する成年男子の減少となるので、政府は対策を頻繁に出した。

戸籍や計帳は、主に郡司や、その配下の現地の人々によって作成され、国司はそれを取りまとめて中央に送り、あるいは国内行政に用いた。租税の徴収や、中央政府への納入は戸籍・計帳に基づいて行われた。租税収入の確保・増加をめざす政府から派遣された国司は、戸籍・計帳での人口の増加を図るが、地域に密着する郡司とすれば、戸籍・計帳上の人数と租税の量が合致すればよいので、男の数を少なく記載しても郡司にとって損はない。村人の生活に密着した郡司であれば、郡から出す租税の総量が少なくて済めば郡のためにもなる。偽籍については、郡司らが十分承知した上で行われ、あるいは郡司みずからが偽籍を主導したことも考えられる。中央政府の意を受けて、国司が浮浪人の取り締まりを強化すると、浮浪人は多く摘発されることになる。九世紀には、租税負担者を増やした国司が良吏《りょうり》とされ、実際にそれによって褒賞された国司も多い。このような場合に、村人と国司の間の板挟みとなるのが郡司である。

　加賀郡のお触れ書き木簡で、浮浪人を探し捕らえることが書かれているが、この時の加賀国司が良吏をめざしたような国司であったかどうかは不明である。良吏を指向する国司で、加賀郡司がそれに従ったならば、浮浪人が多く摘発されただろうが、このお触れ書きを掲示しただけであれば、郡司が本気でそれを行おうとしていたのかは疑わしい。このお触れ書き木簡で、加賀郡司は国司からの命令をそのまま書いているだけで、命令を守らせるための具体策などが加えられているわけではない。国司からの命令だから、いちおう掲示だけはさせておいたという程度だったのではないだろうか。

このような郡司のあり方について、以下に見ていくが、まず郡司の概要について説明しておきたい。

郡の役所と郡司

郡の役所は、古代の史料では郡家《ぐうけ》と呼ばれている。その郡家と見られる遺跡が全国各地で見つかっている。とはいっても、郡家の構造などについて説明したような史料はほとんどなく、確実に郡家であると断定するのは難しいのだが、発掘調査の事例が増えるのにともない、郡家の遺跡の共通性もわかってきた。

郡司の仕事場

郡家と推定される遺跡では、塀などで区画された中に、正殿《せいでん》にあたる中心建物と、その南には広場（庭）、広場を挟んで東西に脇殿《わきでん》があり、「コ」の字の形の配置を取っている。正殿には郡司の代表である大領や少領が座り、脇殿では郡の下級職員が事務を執ったりしたと考えられる。正殿の南の広場には村人が集められたり、徴収した租税の点検などが行われたのだろう。正殿は多くの場合は、東西に柱間七間の大きな建物で、南には廂がある。

図2　武蔵国都筑郡家復元模型（横浜市歴史博物館提供）

広場が狭く、「品」字型と呼ばれる場合もあるが、正殿と東西の脇殿が基本で、区画内に他にも建物があることが多い。この区画が郡の政庁で、その近くに倉庫群である正倉院がある。ちなみに、正倉院というと、現在では奈良の正倉院が固有名詞となっているが、正倉とは中心となる倉のことで、正倉院は塀などで区画された場所をいい、正倉院は一般名詞であった。奈良の正倉院は、東大寺の最も主要な倉庫で宝物庫であったが、郡の正倉は穀物の倉庫で、正倉のまとまった場所が郡の正倉院であった。

政庁と正倉院が見つかると、そこが郡家であったと推定されることになる。そして政庁と正倉院がある周辺には、他にも掘立《ほったて》柱建物《ばしらたてもの》が集中して存在することが多い。

これらは、郡司の館、郡の曹司《ぞうし》（役所の建物）、厨《くりや》（厨房。食物の調理所）などであったと推定されている。関東地方など東国では八・九世紀の集落遺跡では竪穴式の建物がほとんどであるので、掘立柱建物が集中していることでも、役所的な地域と判断される。

郡家遺跡に詳しい山中敏史氏によれば、各地で検出される郡家の遺構は、七世紀末から八世紀初めに成立したものが多く、その立地として、在地の豪族の本拠地に営まれたものと、非本拠地に営まれたものとがあるという。七世紀以前の古墳や集落などが周辺に存在する場合と、それらが付近に存在しない場合とである。豪族の拠点に郡の役所が造られるか、拠点から離れた場所に役所が営まれるかは、それぞれの地域の状況によって異なったようである。

また、一つの郡の中で郡家に推定できそうな遺跡が複数見つかる場合もある。下野国《しもつけ》河内《かわち》郡では、栃木県下野市の多功《たこう》遺跡が、瓦葺き建物や正倉群があり郡家遺跡と考えられていたが、その後に宇都宮市と上三川町にまたがって上神主《かみこうぬし》・茂原《もばら》遺跡で同時期の政庁と正倉群、それに曹司と見られる多くの掘立柱建物などが見つかり、こちらの方が郡家の可能性が高くなった。多功遺跡と上神主・茂原遺跡とは約三一・五キロほど離れている。正倉群は郡内に一ヵ所とは限らないので、郡の中には郡家の出先機関のようなものがあったと考えられ、多功遺跡も現在では郡家の出先機関と考えられている。あるいは、郡家は一ヵ所に固

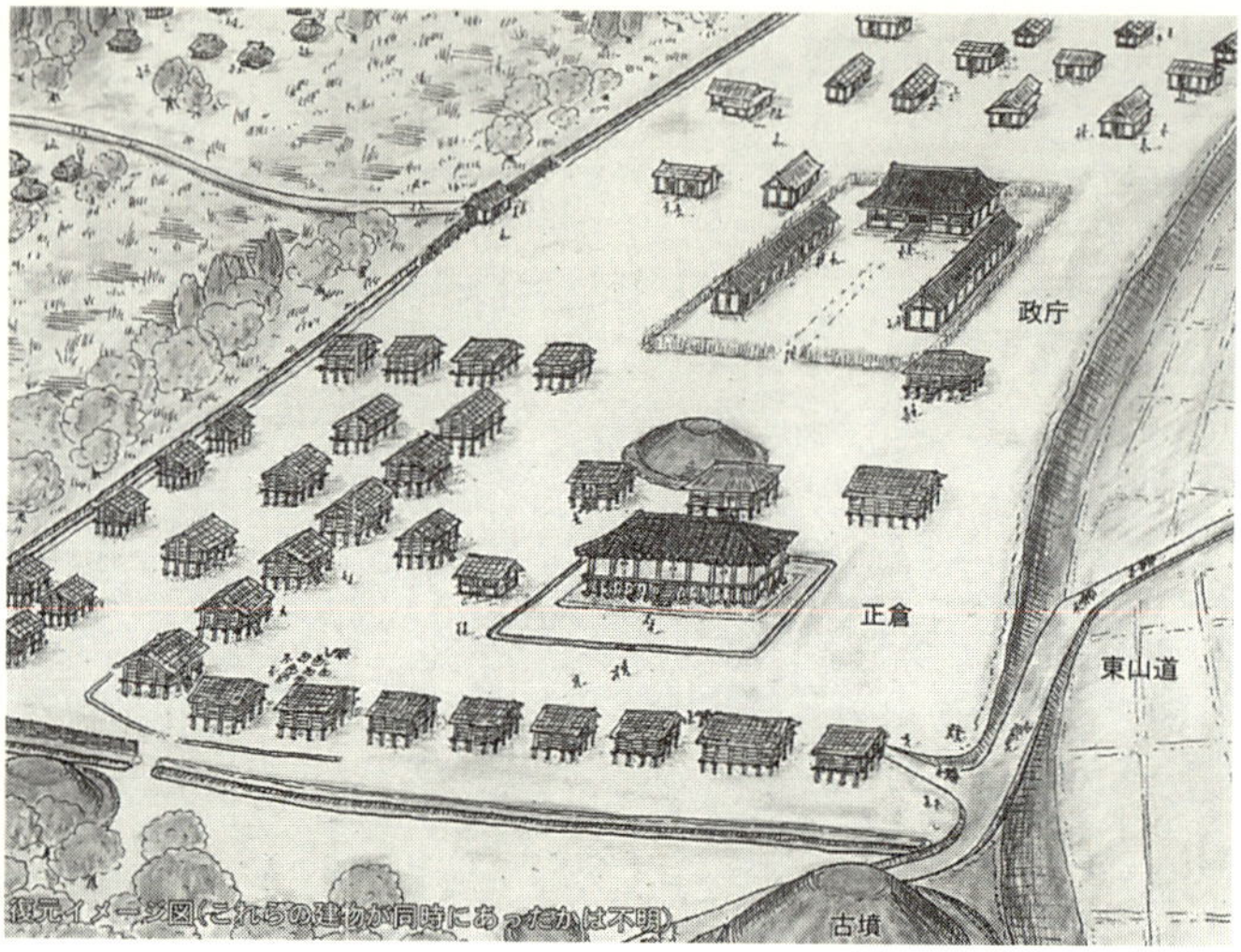

図3　上神主・茂原遺跡　下野国河内郡家の復元イメージ図（上三川町教育委員会提供）

定していたとは限らず、移動したことも考えられ、一つの郡の中に複数の郡家的な遺跡があってもおかしくないと私は考えている。そのように考えるのは、郡司のあり方にも関わっている。

二つの豪族からなる郡

八世紀には、全国は六〇余りの国にわかれ、約五五〇程度の郡があった。国も郡も、しばしば分割や統合があり、数は変動し、またその規模も大小さまざまであった。郡の行政にあたるのが郡司であるが、郡司は郡ごとに一人ではなく、大領（長官）・少領（次官）・主政《しゅせい》（判官）・主帳《しゅちょう》（主典）の四つの官職で構成されていた。大領は郡を代表する責任者で、少領はその補佐にあたる。主政は日常的な事務処理を担当し、主帳はおもに文書作成などにあたることになっていた。日本の律令制では、官司は長官《かみ》・次官《すけ》・判官《じょう》・主典《さかん》の四等官で構成するのが原則で、郡司も例外ではなかった。郡司という語は、大領や少領の個人の肩書きとして使われることもあるが、本来は四等官からなる行政組織をさす語である。

郡司の定員は『養老令』の規定では、次のようになっていた。

大郡（一六〜二〇里）　大領一・少領一・主政三・主帳三
上郡（一二〜一五里）　大領一・少領一・主政二・主帳二
中郡（八〜一一里）　大領一・少領一・主政一・主帳一
下郡（四〜七里）　大領一・少領一・　主帳一
小郡（二〜三里）　領一・　主帳一

ここで着目されるのは、郡の規模による人数の調整がおもに主政・主帳で行われていることである。また、中央官司や国司では四等官の下に文書の清書にあたる史生《ししょう》が置かれるが、郡司には史生がなく、大郡で主政・主帳が各三人となるように、文書作成をはじめとする実務を主政・主帳が担うようになっていた。

これと比較して国司の定員は職員令によれば、以下のようである。

大国　守《かみ》一・介《すけ》一・大掾《だいじょう》一・少掾《しょうじょう》一・大目《だいさかん》一・少目《しょうさかん》一・史生三

上国　守一・介一・　掾一・　目一・　史生三
中国　守一・　掾一・　目一・　史生三
下国　守一・　目一・　史生三

国司の場合は、員数を増やす時に判官・主典を増員するのは郡司と同じだが、減員する時にはまず介を省き、次いで掾に及んでいく。このことは中央の諸官司も同じで、小規模な官司では、長官一名、判官一名、主典一名で構成され、さらに小さいと、長官一名、主典一名となる。人数調整は次官から行われ、次に判官となる。郡司はそれと異なり、小郡を除くほとんどの郡では大領・少領各一人の構成が変わらず、大郡でもこれを増員することはない。そして大領と少領とは、親族を任じることは禁じられており、実際にほとんどの場合に異なる氏族から任じられていた。大領・少領は、それぞれの地域の支配者であり、郡という行政区分は大領・少領になりうる二つの豪族の支配領域を前提に設けられていたのである。

郡司の実際のありようについては、本書の中で具体的に探っていくが、必ずしも郡司として一体となっていたわけではなく、大領と少領がそれぞれ独自に郡内の行政にあたることもあった。郡家についても、豪族の本拠地でない所に営まれた場合にも、大領・少領はそれぞれに自分の本拠地でも行政を行ったのであり、それは郡家の出先機関のようになる。

また、郡家が大領の本拠地に営まれた場合には、少領はみずからの拠点から郡家に通うことになるが、自分の本拠地でも政務処理を行った可能性がある。また、大領が死亡したり、退任した場合に、少領が新たに大領に昇進することもあり、その場合には郡家も移動した可能性が高い。郡家の所在は、八・九世紀を通じて固定していたとは限らない。それぞれの地域の政治情勢に応じて変化することもあったのである。

郡司は終身官か

郡司の特色の一つに官位相当《かんいそうとう》がないことが挙げられる。官位相当は、日本の律令官人制の重要な要素で、大宝令でも養老令でも最初に官位《かんい》令《りょう》という編目があり、主要な官職には相当する位階が定められている。位階を持つものが相当する官職に就き、そこで勤務することで位階が昇進し、位階が上がるとそれに相当する官職に転じる仕組みである。それに対して、郡司には官位相当がないので、位階が昇進しても同じ地位にとどまるのである。また、大領が退任するなどで欠員となった場合に、少領が昇格するとは限らず、もとの大領の子弟などが新たに大領に就任することも多かった。そのため郡司の中では、少領が大領よりも位階が上であるケースもあり、位階は郡司同士の間での序列としては、あまり大きな意味を持たなかった。

郡司に官位相当がないのは、位階が昇進しても同じ郡司の職にとどまるべきであると想定したものであり、大宝令制定者や中央政府の意図としては、郡司は終身官であるべきものであった。ただし、須原祥二氏が八世紀の郡司の実例を調査して、郡司は必ずしも終身務めるわけではなく、十年程度で交替していたことを指摘している。大領・少領は就任すると外位《げい》ではあるが、八位の位階が与えられ、この位階は退任しても残り、八位を持っていると、租税の免除の特典が付く。このような特典を利用するため、郡司の職を一族やその周辺で、いわばたらい回しにしていたようである。

郡司は官位相当がないだけでなく、逆に大領・少領はその職に就くと、大領には外《げ》従八位上、少領には外従八位下の位階が与えられることになっていた。就任にともなって位階が与えられるのは、大領と少領であって、主政・主帳には令制ではこのような位階授与はなく、主政・主帳は無位から始まり所定期間の勤務を経て初めて位階を与えられた。この点で、大領・少領と主政・主帳の間には格差があった。

郡司の任命方法　郡司の中で少領以上と主政以下との間にはほかにも格差があった。一つは、任官方式の区分で、大領・少領は奏任（太政官の選考に基づき天皇が裁可）だが、主政・主帳は判任（式部省の選考に基づき太政官が任命）であった。養老令では任官について、次のように区分している。

勅任……大納言以上、左右大弁、八省卿、五衛府督、弾正尹《いん》、大宰帥《そち》

奏任……余官

判任……主政、主帳、及び家令《かれい》等

式部判補……舎人《とねり》、史生、使部《しぶ》、伴部《はんぶ》、帳内《ちょうない》、資人《しじん》等

大宰帥以上の特定の官職を勅任（天皇の判断で任命）とし、そのほかの「余官」は奏任としていて、ほとんどの官職が奏任である。大領・少領も「余官」の中に含まれていて奏任である。そして、主政・主帳と家令だけが判任とされている。家令は親王や三位以上の上級貴族の家政にあたる官人で、毎年の勤務評定は主人である親王や貴族が行うなど、主人に対する従属性が強く、天皇に対しては陪臣《ばいしん》のような立場であることが、判任という一般の官職と違う扱いとなったかと思われる。郡司の主政・主帳が判任であるのも、天皇に対する直属の臣下というよりも国司を介して臣属する側面が強かったことの反映ではないかと思われる。なお式部判補（式部省が任命）とされる舎人、史生などは、雑任とも呼ばれて当番を作って勤務する番上官である。判任以上の官職は、原則として毎日勤務する長上官で、律令のなかで厳密な意味では「官」とは長上官を指している。判任と判補というように、任と補の文字が使い分けられているのは、それに対応する。主政・主帳は長上官で、厳密な意味でも官であるが、大領・少領とは格の違いが大きかった。

大宝令施行から約十年後の和銅五年（七一二）四月には、次の詔《みことのり》が出されている（『続《しょく》日本紀《にほんぎ》』）。

これ以前には、郡司の主政・主帳は、国司が任じ、名簿を中央に送って、それに従って取りはからってきたが、物事には守るべき法がある。今後は、(式部省が)その本人を見て、規則に従って試練せよ。その後に補任し、太政官の決済を求めよ。

大宝令で判任とされた任命方式に基づくことを命じたもので、大宝令の施行から一〇年余りたっても、その方式がきちんと行われていなかったのである。大宝令以前には、主政・主帳に相当する職は、中央政府の任命ではなかった可能性が高い。

また少領以上と主政以下との違いのもう一つは、任用の基準である。選叙令では、

郡司には、性格が清廉で、能力が時の務めに堪える者を大領・少領とせよ。強健・聡敏で、筆記や計算にすぐれた者を主政・主帳とせよ。大領には外従八位上、少領には外従八位下の位階を与えよ。大領・少領には、能力が同じ場合には、国造《くにのみやつこ》から採用せよ。

として、大領・少領には時の務めに堪える統治能力が求められ、主政・主帳には事務能力が求められている。さらに大領・少領には、能力が同じであれば、国造という家柄が求められている。郡司には旧来の国造などの伝統的な地方豪族が任じられたと解説されることが多いが、それは大領・少領についてであって、主政・主帳には必ずしも当てはまらない。八世紀には大領・少領の選考に際して「譜第《ふだい》」であること、すなわち先祖から大領・少領

を出した家柄であることが重要な要件とされているが、主政・主帳については、譜第が条件ではなく、事務能力が優先されていた。郡の規模によって、主政・主帳の定員が増減するのは、事務の量に対応させるためであったのだろう。

二つの有力豪族から大領・少領を任じて、その下で事務処理能力のある人々を主政・主帳として実務にあたらせるのが、大宝令制定者の描いた郡司の構造であった。ただし、主政・主帳も郡の業務の携わることによって、郡内での力を強めていった。そのことは、後に触れることにして、次には郡司の地方豪族としての側面と、その支配力について具体的に見ていこう。

地方豪族と墾田

用水の開発

郡司が現地で持っていた支配力について、墾田の開発や庄園の経営に関する面から見ておきたい。古代の郡司の中で、比較的史料が多く残っている人物として、越前《えちぜん》国足羽《あすわ》郡大領の生江《いくえ》臣東人《あずまひと》が知られている。東大寺の庄園に深く関わった人物である。越前国や越中国には、奈良時代に東大寺領庄園がいくつか存在し、多少の史料が残されている。ここでは、生江臣東人を中心に郡司の開発した墾田と庄園の関わりについて見ていきたい。

生江臣東人は中央の下級官人を経て郡司となった人物である。生江臣氏は、足羽郡郡司の譜第氏族で、東人より以前にも、生江臣安麻呂が大領となっていたことが知られる。東人が中央に出仕した経緯は明らかでないが、天平勝宝元年（七四九）に大初位上の造東大《ぞうとうだい》

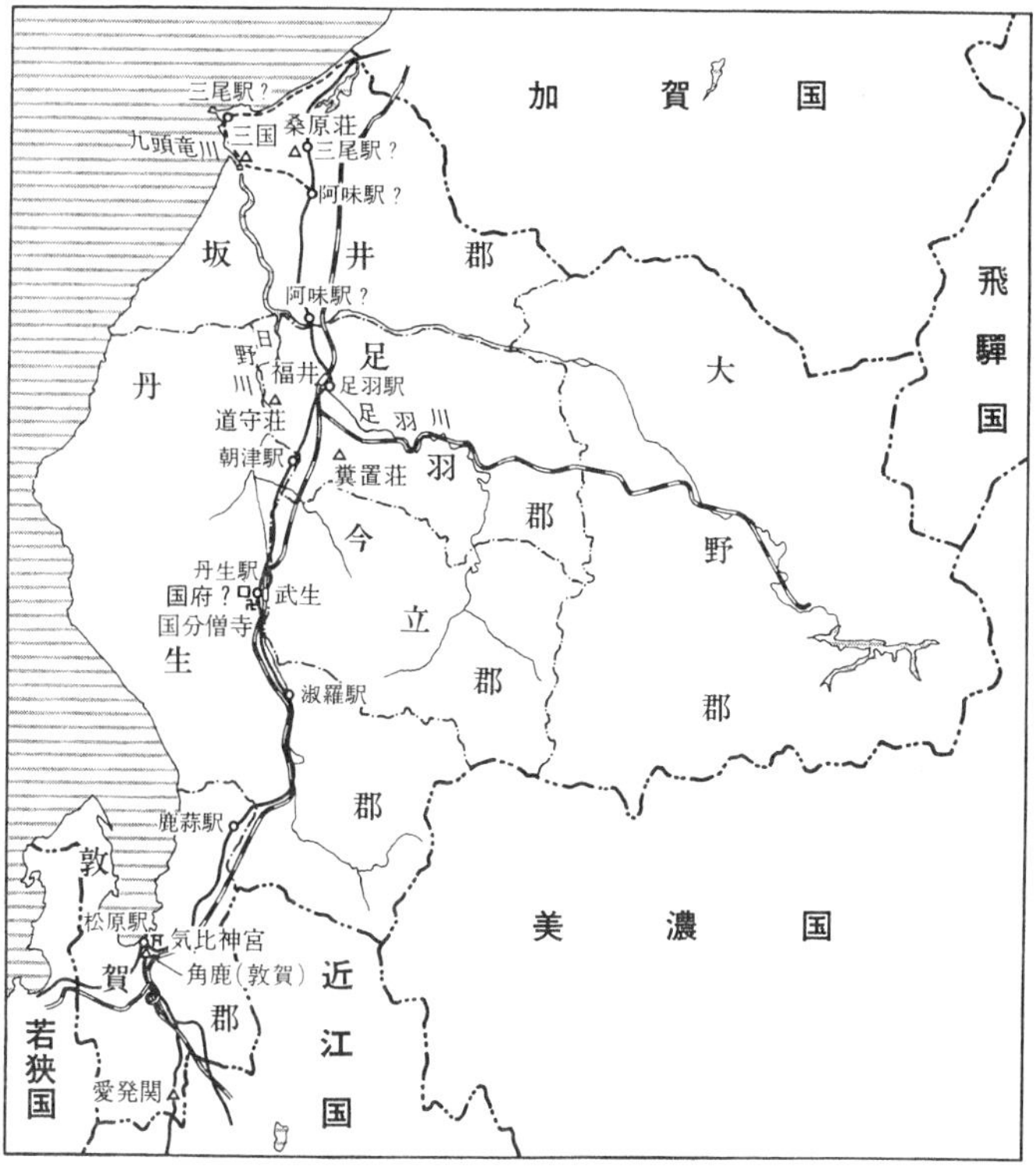
加賀国
飛驒国
美濃国
近江国
若狭国
坂井郡
足羽郡
大野郡
丹生郡
今立郡
敦賀郡
三尾駅？
三国
桑原荘
三尾駅？
九頭竜川
阿味駅？
阿味駅？
日野川
福井
足羽駅
道守荘
足羽川
朝津駅
糞置荘
丹生駅
国府？
武生
国分僧寺
淑羅駅
鹿蒜駅
松原駅
気比神宮
角鹿（敦賀）
愛発関

図４　越前国の郡と庄園

寺司《じし》史生として、東大寺領の土地の占定に関わっている（『大日本古文書』五巻五四三頁。以下では『大日本古文書』については巻次と頁数のみを記す）。足羽郡大領に就任した時期も明らかでないが、天平勝宝七年五月には足羽郡大領となっている（四巻五八頁）。譜第氏族の家柄と中央官人経験とがあって大領となったと考えられる。天平神護二年（七六六）にも大領で、位階は正六位上となっており（五巻五四三頁）、大初位上から正六位上への大きな昇進は、後に見るように墾田を寄進するなど東大寺に対して貢献したことによるのだろう。さらに神護景雲二年（七六八）二月には外従五位下に昇進している（『続日本紀』）。

足羽郡にあった東大寺領道守《ちもり》庄は生江臣東人が寄進した一〇〇町の墾田がもとになった庄園である。そのことは天平神護二年十月十九日付けの生江東人解《げ》という文書に記されている（五巻五五一頁）。「解」は下級官司から上級官司に対して差し出す文書の様式で、しばしば個人の文書にも用いられた。この生江東人解は、東大寺に宛てて提出した文書で、それによれば、この一〇〇町の墾田は東人が郡司に任じられる以前に、私の功力をもって開いた用水溝によって開墾した墾田であり、のちに東大寺領として進上したという。そしてその溝は、長さ二五〇〇丈余り（約七・五キロ）、広さ六尺（一・八メートル）、深さ三～四尺という長大なものであった。

水田を開くにあたっては、大量の灌漑用水が必要であり、有名な三世《さんぜ》一身《いっしん》法でも、新しく溝や池を開いて開墾した田は三世の伝領を認め、旧来の溝や池を利用して開墾した場合には一身の領有とするとして、用水の掘削によって区別されている（『続日本紀』養老七年〈七二三〉四月辛亥条。ただし、三世一身法は、二〇年後の墾田永年私財法により三世・一身の別はなくなる）。生江東人が関わったもう一つの庄園である東大寺領桑原《くわばら》庄では、天平宝字元年（七五七）十一月に二つの溝の掘削が計画されている。その一つの溝は長さ三〇〇丈、広さ六尺、深さ四尺で、のべ二〇〇〇人の労力が必要であるとしている（四巻二五〇頁）。一人一日あたり、広さ六尺（一・八メートル）、深さ四尺（一・二メートル）、長さ一・五丈（四・五メートル）を掘る計算となる。道守庄の溝と広さ・深さがほぼ同様であるので、この数を当てはめると道守庄の二五〇〇丈の溝には、のべ約一七〇〇〇人の労力を要したことになる。約七・五キロもの長さの溝であるから、その上流と下流で広さや深さは異なっていただろうし、桑原庄のものも計画段階のものであるから、あくまでもおよその目安としての人数である。仮に五〇〜六〇人を動員したとすれば約三〇日をかけて掘削したことになる。

東人は郡司となる以前に、開墾のためにこれだけの人数を動員する力があったのである。ただし、開墾したのが東人が中央に出仕していた時期であるならば、東人は開墾の人員を直接に組織することよりも、そのための財源を出したことが重要であったと思われる。実際に現地で開墾を組織したのは、東大寺領になってからも道守庄の経営に携わった一族の人々であったのだろう。桑原庄での計画では、労力を動員するには、一人あたり功賃として稲一束、食料として稲四把が計上されている。その割合で、道守庄の溝の掘削に一七〇〇人要したとすると、功賃と食料を合わせて約二四〇〇束となる。上田一段の収穫は五〇束とされているので、約四町八段の収穫をすべて費やすような経費である。郡司の譜第氏族にはそのような動員力と財力があったのである。

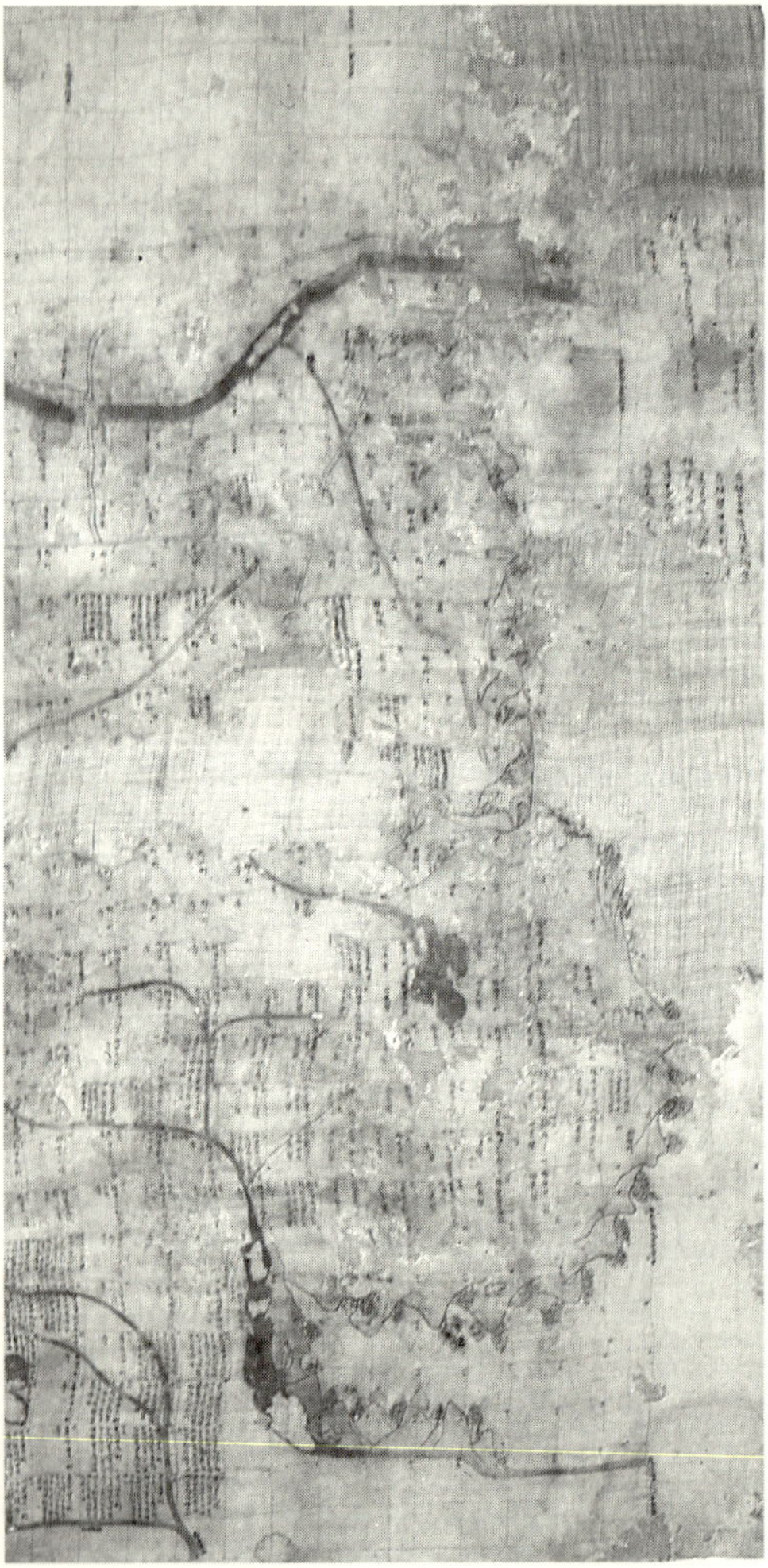

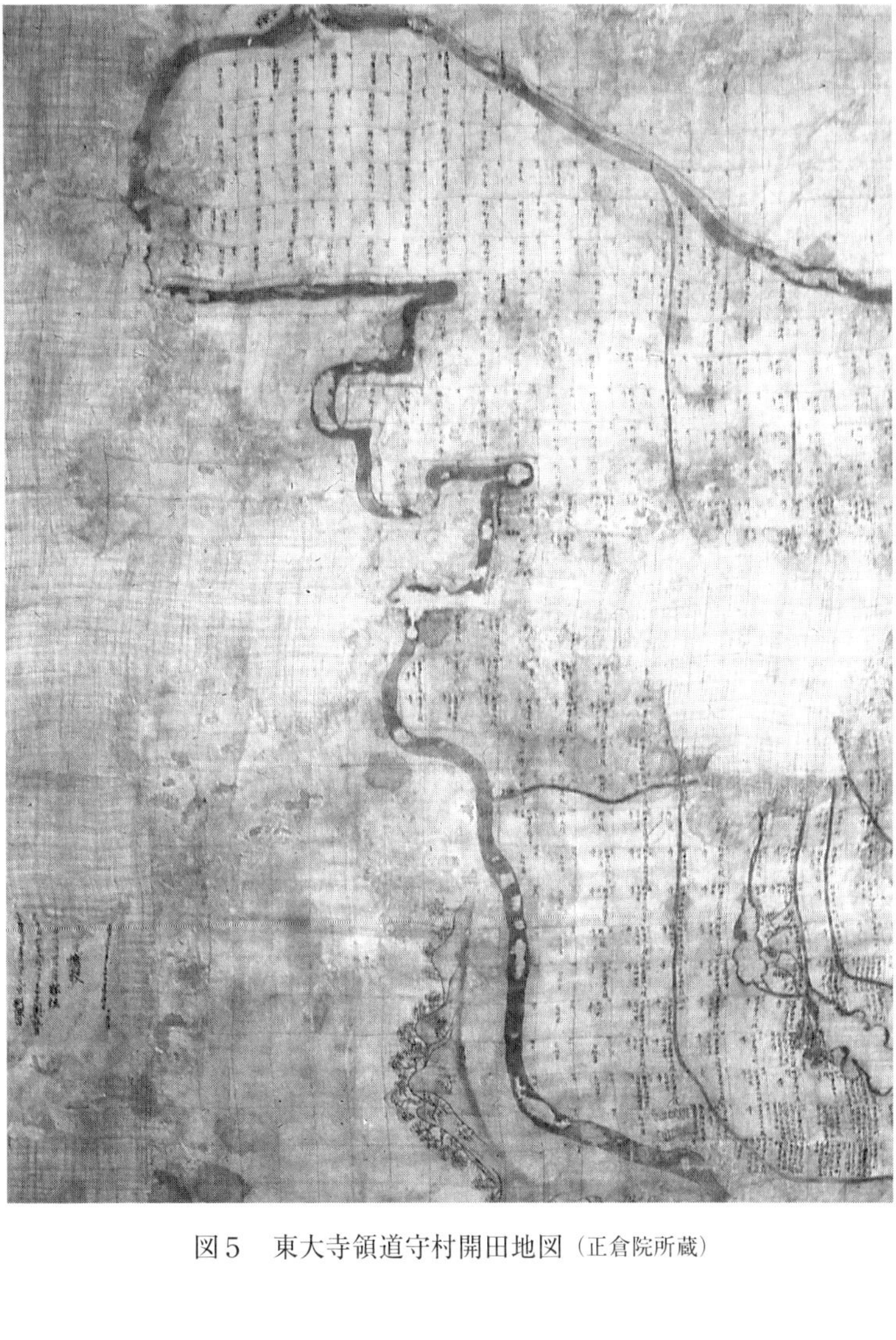

図5　東大寺領道守村開田地図（正倉院所蔵）

生江東人は、自らが開墾した田のすべてを東大寺に寄進したわけではないだろう。自分が所持し続ける田を残したと考えられる。この当時の墾田永年私財法では、位階に応じて私財とする面積の制限があり、八位以上六位以下では五〇町、初位以下庶人は一〇町で、ほかに郡司の大領・少領は三〇町、主政・主帳には一〇町が認められていた。東人は、天平勝宝元年に位階は大初位上である。八位まであと一階の位であり、開墾の時期に八位と初位のどちらであったかによって公的に保有できる面積が異なるが、八位であったとしても位階による五〇町が限度となる。この保有面積の制限が実際に守られていたとすれば、その制限額までを自らのものとして残したのかもしれない。

開墾に加わった人々

道守庄は東大寺領となってからも生江東人がその経営を担ったが、東大寺の田地と周辺農民の田とが入りくんで所在していて、東大寺は天平神護二年に散在する百姓の田を、周辺の寺田と交換したり、寺が購入したりして寺領の一円化を計っている。その散在する百姓墾田は、溝の開発に関わった人々に対して分けられたものと推察される。生江東人は開墾した田をすべて自分のものにしたのではなく、開墾に加わった支配下の人々にも田を分け与えたのである。開墾を主導することで東人は大きな墾田を獲得して力を高める一方で、支配下の人々もみずからの墾田を所有することになった。田主権を持つ百姓は、それにより自立を強める面もあった。

また墾田の中には、周辺の農民だけでなく、船王《ふねおう》（舎人親王《とねりしんのう》の子。淳仁天皇の兄弟）や、右京四条一坊の戸主従七位上上毛野《かみつけの》公奥麻呂の戸口田辺来女の墾田もあって、いずれも藤原仲麻呂の乱によって没官《もつかん》されて東大寺領となった。田辺来女が墾田を所有していたのは、天平勝宝七年三月の文書に、越前国司の大目に田辺史（名は不詳）がいるので（四巻五〇頁）、その一族であったか、もしくは天平宝字元年、三年に少目である上毛野（名は不詳。二五巻二二八頁、四巻三九三頁）が戸主の奥麻呂その人であるか、または同族であるためと考えられる。国司が在任中に開墾した墾田は離任する時に収公される規定であったので、名目上は国司本人の墾田とせず、一族の名義としたのだろう。後にも詳しく述べるが、生江東人は越前国司の史生安都雄足《あとおたり》とも密接に結びついていて、安都雄足も越前で墾田を得ている。東人は国司との間で墾田を提供することで結びつきを深めたことが考えられる。船王については、越前国との直接の関係は不詳だが、天平宝字三年十一月に藤原仲麻呂の子の薩雄が越前国守に任じられていて（『続日本紀』）、そのつながりが推測される。生江東人は東大寺だけでなく、中央官人や王族とも結んでいたのである。

生江東人は、道守庄が東大寺領となってから後も、その経営を担っていた。天平神護二年十月には新たな溝を開削する計画書を出している（五巻五四九頁）。長さ一七二一丈（五キロ余り）の溝で、広さは二丈から一丈である。この溝のために、既存の口分田のうち合計約二町四段を損ない、また既存の溝と交差するところでは樋を造って渡すこととしている。この文書は、新たな溝の開削によって既存の田や溝を少し犠牲にしなければならないので、国司の許可を求めたものである。犠牲にした田の分は新しい墾田で埋め合わせをするのだろうが、そのような利害の調整をする必要があり、開墾者にはそのような政治力が必要であった。生江東人の持つ伝統的支配力がそれを可能にしたのだろう。

また、生江東人は庄園の雑務について東大寺の田使からの呼び出しに「神社の春の祭礼で酔い伏して参上できなかった」という言い訳を述べたことがある（五巻五五一頁）。郡の大領として祭礼の中心になる立場でもあり、祭礼などの儀礼によっても伝統的な支配者の立場を維持したのだろう。地域に密着していることに基づく支配力が、大規模な墾田開発を可能にしたのであった。水田の経営において、開発した田を毎年耕作するのは、個々の家を単位として行われただろうが、新たに田地を広げるには家をこえた共同労働が必要であった。いったん開いた田も開墾して程なくして荒廃した事例もあり、古代においては、よほど肥沃な土地でなければ長期間耕作し続けることは難しかった。耕作地の拡大は不断に求められ、共同労働の必要は常にあったのである。

隣郡へ進出する足羽郡司

生江臣東人が経営に関わった東大寺領庄園として、もう一つ坂井郡の桑原庄が知られている。桑原庄は大伴宿禰麻呂から購入した約一〇〇町の土地からなる。大伴麻呂は中央貴族であるが、大伴氏からは越前国司を何人も輩出しているので、その関係で土地を保有していたのだろう。桑原庄に関しては、東大寺が購入した当初の三年間について、天平勝宝七歳（天平勝宝七年正月に勅により七年を改めて七歳とすることが命じられ、九歳八月に天平宝字元年と改元されるまで、歳の表記が用いられた）五月三日、同八歳二月一日、九歳（天平宝字元年）二月一日の日付で、毎年の経営報告書が残されていて、桑原庄券《くわばらしょうけん》と呼ばれている（五巻五二一頁、一一一頁、二一九頁）。奈良時代の庄園経営の様子を多少なりともうかがい知ることができる史料として知られている。なお、東大寺が購入したことを認めた越前国の公験《くげん》（証明書）もあり、その日付は天平勝宝七歳三月九日であるが（四巻四九頁）、その前年の天平勝宝六年二月にはすでに東大寺から経営についての指示が出されているから（四巻五八頁）、東大寺領となったのは、六年二月以前のことである。

桑原庄の経営には、東大寺から派遣された田使の曽禰《そね》連乙麻呂（無位の右大舎人で、現地の人間でなく東大寺から派遣されたと考えられる）、足羽郡大領生江東人、越前国史生安都雄足の三人が担当した。東大寺からの指示では曽禰乙麻呂と生江東人が共同して経営にあたり、安都雄足がそれを統括することになっていた。天平勝宝七歳の桑原庄券は、その指示により三名が署名しているが、八歳と九歳のものは曽禰乙麻呂一人だけの署名となっている。このため、東大寺から再三叱責され、九歳のものは二月一日付けの桑原庄券のほかに、天平宝字元年十一月十一日付けで、この三人と新たに坂井郡散仕《さんし》阿刀《あと》僧（阿刀法師とも書き、「僧」と自署する文書があるので、僧、法師はホフシと読む名前だろう）を加えた四人が署名したものが送り直されていて、その両方の文書が残っている。担当する三人のうち、曽禰乙麻呂と他の二人との間がうまくいかなかったようである。

天平勝宝七歳の桑原庄券によれば、一〇〇町のうち、大伴麻呂が所有した段階で開墾してあったのは九町のみで、残りは未墾地であった。東大寺が入手してから七歳五月までの間に二三町を新たに開墾していて、この開墾には一町につき稲一〇〇束が経費として報告されている。この文書では人夫の功賃は一人一束で勘定されているので、開田のために、のべ二三〇〇人が働いたことになる。それらの経費に用いられた主要な財源は、生江東人が提供した四七〇八束の稲であり、また庄の建物として足羽郡から二棟が移築されていて、これも生江東人が提供したものだろう。東人は翌年にも稲三一三〇束を提供して、合計で八〇〇〇束に近い稲を出しており、経営に大きく寄与している。

桑原庄の経営拠点は産業所と呼ばれ、産業所では生江東人が提供した稲をもとに、開田のほかにも、建物を修理したり、鍬や鎌など農耕具や斧などの工具、桶、皿などの雑器を購入している。皿や杯など食器類は一〇〇個、二〇〇個という数で購入しているのに対して、鍬は二〇柄、鉏《すき》（鋤）は一〇柄である。食器類はおもに開墾などに働かせる人夫のためであると思われ、予定する人数分を用意したのに対して、鍬や鋤はその人数より少ない。鍬や鋤もおもに開墾のために使われたのだろうが、すべての人夫には行き渡らない程度の数であった。

奈良時代に鉄製農具がどの程度普及していたのかは明らかでない。律令の規定では、官人らに対して毎年春と秋に位階に応じて季禄《きろく》が与えられ、その季禄の品目の中に布や綿と並んで鍬がある。そのことから、鍬は官人らにとっても貴重なもので、一部の有力者にしか所有されていなかったと推測されている。郡司は季禄が支給される対象ではなかったが、地方ではおそらく郡司クラスの有力農民が鍬・鋤を持っていた程度だったのだろう。前に紹介した道守庄のもとになった墾田も、生江東人が持つ鉄製の鍬や鋤を使って開墾したのだろう。東大寺の産業所では、鍬・鋤なども備えて経営にあたっていて、開墾も地方豪族に委ねるのでなく、産業所の直営で行おうとしていた様子がうかがえる。

庄園経営の失敗

桑原庄券によれば、田地は周辺の農民に貸して収穫の約二割を地子（貸し賃）として取る賃租《ちんそ》という方式をとっていた。天平勝宝六年には九町を賃租し、七歳には新開田を加えて三二町を賃租している。九歳二月の桑原庄券では、さらに新たに一〇町を開いたが、同時に九町余りが荒廃してしまった（大伴麻呂が開いた九町はすべて荒廃）と記している。ただし、同年十一月に提出し直した報告では、新たな開田は四町九段とあり、開田のための経費の支出も両者で異なっていて、記載はかなりいい加減であるが、九町余りが荒廃したことは両文書で共通しているので事実だろう。十一月の報告では、荒廃した田について、「百姓の逃走による。その価は使の曽禰連乙麻呂の身より進める。並びに去る六年開く所」と注記していて、荒廃した責任は曽禰乙麻呂にあったとされている。

新たに開墾した二三町では賃租の貸し賃である地子は収納されているので、同じように周辺農民に賃租していて、九町については賃租で借りた周辺農民が本籍地から逃亡したとは考えにくい。賃租に応じる農民がなかったことを、「逃走」と表現したのかもしれないが、借り手がいなければ荒廃田として処理することもできそうに思われる。それよりも、「逃走」の語からは、別の解釈をしてみたい。田使の曽禰乙麻呂は、この九町を産業所の直営で経営して、周辺農民には功賃を支給して耕作する方式を採ろうとしたのではないだろうか。賃租で収穫の二割（町別八〇束または六〇束）を得るよりも、直営で一人一日一束の功賃を支給した方が多くの収益が見込まれる。農具などは産業所にも用意されている。

順調に収穫できれば、賃租の地子を超える分は曽禰乙麻呂の収入とすることができるのである。ところが、周辺農民は功賃による召集に応じなかったか、あるいは召集されて田地に配属されても耕作を放棄したのだろう。管理する田使からすれば「逃走」である。現地の有力者でない曽禰乙麻呂は、東大寺の権力を背景にしても、農民を組織して引き留めることができなかったのだろう。

そして、天平宝字元年（天平勝宝九歳）十二月八日の造東大寺司から越前国史生安都雄足に宛てた文書では、曽禰乙麻呂のもとにある米を取り立てることを命じている（四巻二五四頁）。曽禰乙麻呂は田使を解任された上、取り立てを受けることになった。

天平宝字元年十一月十二日付けの訂正版の桑原庄券には生江東人、安都雄足と並んで乙麻呂と阿刀僧の両名が署名するが、同日付けで溝の開削を申し出た計画書には乙麻呂の名はなく、阿刀僧、生江東人、安都雄足の三名の署名で提出されている。新しい計画からは、乙麻呂は排除されている。その計画では、新たに二つの溝を開き、従来からの溝を修理することを述べ、新たな溝によって百姓の口分田一町八段を損なうことになるが、その分は寺領の熟田と替えるので、東大寺から国府の許可を得てほしいとするものである。そこでは次のように記されている（四巻二五〇頁）。

もとからの溝はありますが、溝が田より低いので田が荒れてしまい、先に開いた田

（大伴麻呂が開いた九町のこと）はすべて百姓が賃租に応じません。右にあげた溝を掘れば、既墾田は良い田になり、残る野は一〜二年のうちに開くことができるでしょう。

小さな損失で大きな利益が得られると考えます。

既存の溝では、十分な水量を得ることができなかったようである。桑原庄券では、天平勝宝六年・七年には大伴麻呂の開いた九町の田からも地子を納めさせているので耕作されていたことがわかるが、用水の不足により、土地がやせて収穫が減ったのかと思われる。八世紀にはまだ肥料が用いられていないので、用水によって土地に栄養分を補給することが必要であった。曽禰乙麻呂は、それが十分にできなかった。道守庄で生江東人は水守など田地の経営のために何人もの配下の人々を使っていたが、他所者である曽禰乙麻呂は、そのような配下になる人を十分に組織できなかったのだろう。いっぽう、桑原庄の中では、生江東人が提供した稲によって、三二町の田を新たに開墾している。この新墾田は必ずしも良田ではなかったが、賃租に応じる周辺の農民たちも多くはそちらに流れていってしまって、曽禰乙麻呂が管理する九町の耕作には応じなくなったのである。曽禰乙麻呂は、生江東人との連携がうまくいかず、地域の有力者を十分に掌握できなかったため経営に失敗したと考えられる。多少の財力を持っているだけでは、開墾はできなかったのである。大伴麻呂が所有していた段階でも開墾があまりすすまなかったのも、同じように現地の有力者を掌握していなかったためだったのだろう。

桑原庄については、天平宝字二年以降は史料がほとんど残っていないので、残念ながら新たな溝の開発計画がその後うまくいったかどうかはわからない。九世紀以降の史料には桑原庄の名前も出てこないので、庄園として長くは続かなかったようである。

坂井郡司の要求

桑原庄の所在地は坂井郡である。坂井郡には天平宝字元年に墾田一〇〇町を東大寺に寄進した大領品治部君広耳《ほんちべひろみみ》がいる。それにもかかわらず、東大寺が桑原庄の経営を足羽郡大領の生江東人に行なわせたのは、なぜだろうか。ここでは坂井郡司の品治部広耳について見ていきたい。

品治部君広耳は、天平五年（七三三）に坂井郡の主政、無位として見える（一巻四七一頁）。そして天平宝字元年に墾田を東大寺に寄進した時には大領外正六位下となっている（四巻二二五七頁）。この間に主政から大領へと昇進したことになる。前にも述べたように、郡司の大領・少領と、主政・主帳との間には大きな格差があり、主政から大領に昇進した例はほかに皆無ではないが、珍しい例の一つである。坂井郡では、天平三年に大領が三国《みくに》真人、少領が海直《あま》から出ており、この両氏が譜第氏族であったのだろう。広耳は、譜第氏族ではなく新興の勢力である。無位から外正六位下まで約二五年で昇進したのは、通常の勤務成績だけでは不可能で、中央政府に対して何らかの貢献をしたことによるものと考えねばならない。大領への抜擢も貢献の功績によるものだろう。

広耳は、寄進した墾田について次のような文書を造東大寺司に送っている（四巻二五七頁）。

越前国坂井郡司が裁定をお願いします。

地子を進上することができないこと。

去る天平宝字元年九月十四日の造東大寺司の文書で「東大寺に進めた墾田一〇〇町の地子を進上せよ」と命じられましたので、それに従って進上すべきでありますが、墾田は同年四月十日に進めたもので、同年閏八月二十日に寺使を遣わされて子細に調べた上で寺の田と定めました。しかし、田を営む人々は春の三ヶ月の間に種子を蒔いて競作するのが習慣です。一〇〇町の田は種子蒔き、競作の時より後に進めたもので、寺の財産として決めて頂いたのは、さらに後のことです。このような訳で、元年の地子は進上することはできません。地子を進上するのは今年の分からにして頂きたいので、裁定をお願いします。

天平宝字二年正月十二日　大領外正六位上品治部君広耳

この文書は、「坂井郡司解」と書き出し、文面に坂井郡印を捺してあるので、形式は行政機構としての坂井郡司が出した公文書であるが、署名しているのは広耳一名で、内容も広耳が寄進した田の地子についてであり、広耳の私的な利害に関するものである。品治部広耳が寄進したのが四月で、すでに耕作が始まっているので、この天平宝字元年の地子は東大寺に送る必要がないと主張している。一〇〇町の田がすべて上田であったとすると、収穫の二割として地子は一万束となる。一万束を東大寺に送るか、自分の手元に残すかは、広耳としては大問題であり、懸命の訴えであった。この文書には、造東大寺司側の書き入れがあり、「申す所は理にかなう」として、広耳の要求を認めている。この文書に見られるように、田地を東大寺に寄進しても、耕作者にとっては変化はなかったのである。その管理をしていたのも、この文書を出している広耳で、変わりはない。天平宝字二年以降の地子を進上することを述べているので、広耳はこの墾田の管理に引き続きあたったのだろう。

庄園経営による利益

天平宝字元年の地子は、この文書により品治部広耳の手に入ることになったが、天平宝字二年以降の地子は東大寺に入ることになる。賃租の地子は、ふつうは収穫の二割で、桑原庄でもその割合で報告されている。耕作民が納める地子が二割で、そのすべてが東大寺に入るとなると、広耳は経営を続けても利益は得られないことになる。広耳は、天平宝字元年の地子を自分のもとに残すために権利を主張しているくらいだから、東大寺のために無償で奉仕するとも考えにくい。そこで推測されるのは、広耳が耕作民から納めさせる地子は、実際には二割よりも多かったのではないかということである。『令集解《りようのしゆうげ》』の明法家《みようぼうか》の説や『延喜式《えんぎしき》』などで、国司が管理する公田の地子が二割とされているが、それは国府が取るべき額で、実際に現地を管理する者と耕作者との間でも一律であったわけではないだろう。品治部広耳にしても足羽郡の生江東人にしても、東大寺に墾田を寄進した後も経営を担うのは、耕作民から得る地子と東大寺に納める地子に差額があったからであると考えられる。

品治部広耳が、墾田一〇〇町を東大寺に寄進したのは、この文書から知られるように天平宝字元年のことであった。その年の地子について権利を主張していることからすると、広耳と東大寺との結びつきは、この寄進に始まった可能性が高い。坂井郡の桑原庄を東大寺が購入したのは、天平勝宝六年以前のことで、その段階では広耳も含めて坂井郡には東大寺と結びつく勢力がまだなかったため、足羽郡の生江東人が桑原庄の経営にあたることになったと考えられる。そして、生江東人と東大寺との結びつきを見て、自らも東大寺と結ぶことのメリットを感じたため、広耳は墾田を東大寺に寄進したのだろう。あるいは、それには国史生安都雄足の介在があったのかもしれない。

郡司の財力

ここまで墾田の経営を中心に、郡司となるような地方豪族が持っていた支配力や経済力を見てきた。東大寺領庄園に関係する史料で考えたので、これらは八世紀後半の事例であった。ここで少し話題を転じて、それより前の八世紀前半について見ておきたい。

貴族となる郡司

八世紀の古代国家の体制について、その中核を畿内の貴族勢力による地方豪族に対する支配と、それを通した全国の民衆に対する統治であったとする見解がある。太政官の上級官職など、政府の中枢をほとんど畿内貴族が占めていることや、中央から派遣される国司が郡司の上に立つことなど、中央貴族の地方豪族に対する優越は、いくつもある。郡司に与えられる位階が外位であることも、その一つである。

郡司が与えられる外位は、通常の位階（内位）に対して、たとえば外従八位上のように、位階の前に「外」の字を付して示されるもので、壬申《じんしん》の乱《らん》の後に、主に乱に功績のあった地方豪族に与えるものとして始まったようだが、大宝令では、郡司のほか、同じく地方で現地の人から任用される軍毅《ぐんき》、国博士《くにはかせ》、国医師と、王臣貴族の従者である帳内・資人が外位の対象とされていた。帳内・資人は官人の子ではない一般庶人からの採用を中心にしていて、現地人を採用する郡司などとともに、中央の官人より一段低い位置づけであった。律令では官人は位階に応じて、租税の免除や子孫への特典などさまざまな特権があったが、それらの特権でも外位は内位よりも低かった。

また、国司と郡司の関係では、道で出会った場合に、位階の上下にかかわらず郡司が国司に対して下馬することが定められている。国司は、任国では権威を持っていて、中央官人の有位者も本国の国司に対しては同位であれば下馬することとなっている。郡司の場合は、位階の上下を問わず国司に対して下馬せよというのである。クニノミコトモチと呼ばれ、中央から派遣されて郡司らの上に立つ国司と、その下で現地採用される郡司との大きな違いを示すものとされている。

しかし、大宝律令では外位であっても五位になると貴族として内位と同等の待遇を得ることになっていた。国司に対する下馬についても、五位の郡司は、国司が同位以上でなければ下馬しなくてもよいと定めていた。郡司が五位まで昇ることを大宝律令の制定者は想定していたのである。

　郡司の場合、勤務成績による位階昇進のサイクルは、大宝律令施行の当初は一〇年で、その後に八年となった。勤務成績が最高でも一回に昇進する位階は三階である。大領は任命された時点で外従八位上の位階が与えられたが、外従八位上から外従五位下までは十一階あるので、毎年最高の評定を得たとしても、五位に至るには最低で三二年かかる。少しでも評価が落ちることがあると四〇年以上かかることになり、勤務成績だけで五位に昇ることは、ほとんど不可能に近い。しかし、位階は通常の勤務成績だけで上がるだけではない。天皇の行幸に奉仕したり、財物を献上するなどの特別の功績に対する褒賞として位階を授与することは、しばしば行われた。位階の授与は天皇の権限であり、天皇との関わりで位階が抜擢されることもある。大宝令で外位でも五位まで想定しているのは、通常の勤務評定よりも、褒賞や抜擢による位階獲得を前提にしたものだろう。

　大宝律令の制定に加わった有力メンバーの一人に下毛野《しもつけの》朝臣古麻呂《こまろ》がいた。古麻呂は右大弁、兵部卿などを経て式部卿、正四位下で没していて、中央官人として活躍したが、その基盤は氏姓から明らかなように下毛野（下野）である。下毛野古麻呂のような人物も編纂に加わった大宝律令において、外位の地方豪族からも五位の貴族が出ることを想定していたのは当然のことだろう。また大宝律令の編纂者に下毛野古麻呂が加わっていること自体に、地方豪族の力の強さが表れているともいえる。

郡司の豊富な財力

大宝律令施行の直後から郡司などで五位の位階が与えられている例が『続日本紀』に散見される。大宝二年（七〇二）に持統太上天皇が三河《みかわ》・尾張などに行幸した際に、美濃《みの》国で不破《ふわ》郡大領の宮勝《みやのすぐり》木実に外従五位下が与えられている。和銅二年（七〇九）五月には、筑前《ちくぜん》国宗形《むなかた》郡大領宗形朝臣等抒《とど》が外従五位下から外従五位上、尾張国愛知《あいち》郡大領尾張宿禰乎己志《おこし》が外従六位上から外従五位下に昇叙されている。この二人の昇叙の理由は不明だが、宗形郡は宗形大社、愛知郡は熱田神宮の所在郡で、いずれも有力神社との関係が推測される。また宗形朝臣等抒は、これ以前にすでに外従五位下であったが、外従五位下をいつ得たのかは、『続日本紀』に記載がないので不明である。このように『続日本紀』には記載がなくても、外従五位下を得ている郡司は他にも多くいたと考えねばならない。

また養老六年（七二二）閏四月二十五日には、陸奥《むつ》での蝦夷の反乱に対するために鎮所への穀物の輸納を募り、輸納した者には遠ければ二千石、次は三千石、近ければ四千石で外従五位下を与えることを発令した。そして翌養老七年二月には、常陸《ひたち》国那賀《なか》郡大領の宇治部《うじべ》直荒山が、私穀三千石を陸奥国鎮所に献じたとして外従五位下を与えられている。さらに翌年の神亀元年（七二四）二月には、従七位下の大伴直南淵麻呂《みなふちまろ》ら一二名に、同じく陸奥国鎮所に穀を献じたことで外従五位下が与えられている。その中には、外従七位上香《か》取《とり》連五百島のように下総《しもうさ》国香取郡の郡領氏族とわかる例もあり、また外従八位上君子《きみこ》部《べ》立花は君子部が陸奥・出羽や関東に多く分布しているので、その地域の人と見られるなど、多くは陸奥や関東地方からの輸納であったと考えられる。これら一二名が献じた穀の量は記されないが、外従五位下を与えられているのだから、少なくとも二千石以上である。

養老七年に外従五位下を与えられた宇治部直荒山の場合は私穀三千石と明記されている。『令《りようの》義解《ぎげ》』田令《でんりよう》田長条などによれば、田一段の収穫は稲五〇束であり、稲一束は、穀にして一斗、さらに舂いて米にして五升となる（古代の升は近世以降のものより小さく、一升は近世の半分以下であったという）。これを目安にすると、三千石の穀は、稲で三万束であり、田六〇町からの収穫に相当する。ちなみに郡司には職分田が与えられるが、それは大領で六町（少領は四町、主政・主帳は二町）で、その収穫は三千石の十分の一である。三千石は鎮所に運んだ量なので、宇治部直荒山が蓄えていた私穀は、それをかなり上回る量であったはずである。穀の蓄えは収穫によるものばかりでなく、稲の私出挙《しすいこ》（高利貸し）によるものも考えられる。稲の私出挙の利率は、和銅四年十一月に五〇％に制限されていて、出挙の利息だけで三万束以上を蓄積できたとも考えにくい。前に見たような郡司の墾田獲得からすると、宇治部荒山の場合も墾田などの私領の田地からの収穫を主に考えてよいと思われる。養老七年に三世一身法が発布される以前の墾田などのあり方については明らかでないが、地方豪族の中には、かなり広大な田地の経営を行っていた者があったことが想定される。そして天平十五年（七四三）の墾田永年私財法《こんでんえいねんしざいほう》は、位階によって私財とする墾田の面積を制限しており、それは地方豪族が保有する私領の面積を制限する側面も持っていた。

中央貴族の反撃

そのような地方豪族の豊富な財力を、中央政府は陸奥の蝦夷政策にも利用しようとしたのである。位階を授与することを見返りに、豪族らの財力を利用しようとしたのは、これ以前の和銅四年の蓄銭叙位令でも行われた。蓄銭叙位令は和同開弥《わどうかいちん》の流通促進のために発令され、八位以上であれば銭一〇貫で位一階を昇進させるもので、五位以上に達する場合は天皇の判断を仰ぐこととされていた。蓄銭叙位によって五位に至った例は知られないが、『続日本紀』に記されない六位以下での位階の昇進は地方豪族でもおおいに考えられる。

位階を見返りにして地方豪族が持つ経済力を利用する政策は、五位の貴族に至る地方豪族を多く出すことになった。それに対する畿内の貴族らによる反撥は容易に想像されるところで、その結果が、神亀五年三月二十八日に出された外五位に対する待遇の変更であった。この待遇変更は『類聚三代格《るいじゅさんだいきゃく》』巻五に収める法令によって知ることができる。その内容は、内位の五位と外位の五位では、禄などの待遇の差を設けるべきであるとして、外位の五位に対しては、位禄や位田は内位の半分とする、資人は内位の五分の一にする、子に対する蔭位は内位の一階下とし、内舎人には任じないなど、外五位の待遇を大きく下げるものであった。

　また、外五位の待遇を下げたのにあわせて、中央官人の中でも五位以上の子孫で歴代相次いで高位についている者（すなわち家柄の高い者）及び明経《みょうぎょう》・秀才で国家の大儒たる者（学業優秀者）は内位とし、それ以外は外位にするとして、中央官人にも外従五位下を適用することとした。そして外従五位下から、その後の功績によって内位の従五位下にすることも記されていて、外従五位下を明瞭に従五位下の一段下の位階としたのである。中央官人の場合の外従五位下は外階《げかい》と呼ばれて、郡司らの外位とは区別されている。つまり神亀五年の制度により、六位から五位に昇進するにあたって、次の三種に分かれたのである。

　有力貴族…………正六位上　↓　従五位下　↓　従五位上（内階コース）
　それ以外の貴族……正六位上　↓　外従五位下　↓　従五位下（外階コース）
　郡司など外位………外正六位上　↓　外従五位下　↓　外従五位上（外位コース）

この神亀五年制は、中央官人の中に外階コースを新たに設けて、内階コースをたどる有力貴族と、外階コースをたどる中下級貴族との区別を設けた点が重視されてきた。しかし、この待遇差を設ける理由とされたのは、内外五位の違いを明瞭にするということで、この時点で外五位を持っているのは郡司ら地方豪族であった。地方豪族の五位に対する待遇を下げることを利用して、中央官人にも待遇差を設定したのであり、有力貴族の優越を強める結果となった。

郡司ら地方豪族の外五位については、『類聚三代格』巻七に収める同日の勅にも、「諸国郡司の五位以上が当国の国司の主典以上に逢った場合には、貴賤を問わずすべて馬より下りよ」とあり、五位であっても郡司は国司の四等官に対して位階の上下にかかわらず下馬することが命じられている。大宝令では、五位の郡司の場合は同位以上でなければ下馬しないとしていたが、この神亀五年の改正で、国司主典以上に対する五位の郡司の下馬を規定して、国司が郡司の上に立つことを明瞭にしたのである。国司主典のうち、下国の目《さかん》の官位相当は少初位上である。この主典に対しても五位の郡司は下馬しなければならないこととされ、郡司に対する国司の優位が強化されたのである。

豊富な財力を持つ郡司に対して、中央から派遣された国司が優位に立つことで、中央官人の地方豪族に対する優越は明確となったのである。中央貴族の優位が確立するには、神亀五年の制度が大きな画期となったのである。

郡司とその周辺

郡の下級職員

郷長とは

郡の行政は、郡司《ぐんじ》だけで行われていたわけではない。郡司の定員は、たとえば一〇里からなる中郡では、大領、少領、主政、主帳《しゅちょう》各一人である。一里は五〇戸からなり、一戸は現存する戸籍などでは、おおむね二〇〜二五人であるから、一里で一〇〇〇〜一二五〇人程度、一〇里では一万人以上となる。それだけの人数に対して、四人の郡司ですべてを行うのは、到底不可能であり、郡司のもとでは、さまざまな人々が行政の仕事に携わっていた。それらのなかには、律令に定められていないものも多いが、郡司の仕事はそのような下級職員によって成り立っていた。この章では、郡司のもとで働く人々について見ていく。

まず取り上げるのは郷長《ごうちょう》（律令では里長）である。大宝律令《たいほうりつりょう》では里ごとに一人の里長を置くことになっていた。律令で里長は「戸口《ここう》を検校《けんぎょう》し、農桑を課殖《かしょく》し、非違を禁察し、賦役《ぶやく》を催駆《さいく》すること」を職掌とする行政上に重要な役割が与えられている。しかし、里長は里内の白丁《はくてい》（庶人《しょじん》）から採用することを原則とし、その勤務に対して位階は与えられなかった。禄などの給与もなく、庸《よう》と雑徭《ぞうよう》が免除されるだけであった。庸は年間一〇日の労役（歳役）の代わりに物で納めるもので、雑徭の六〇日と合わせて、年間七〇日の労働負担と同じ程度の仕事に位置づけられていた。

八・九世紀には土地の売買に際してその売券に郷長が署名を加えたり、郷内の人が売買を申告する売券を郷長が作成したりする例もあり、郷長が地方行政にかなり大きな役割を持ったことは間違いない。そのような郷長が郡司に準ずるような小豪族であったと考えられるか、研究者の間でも理解が分かれるところである。山上憶良《やまのうえのおくら》の貧窮問答歌に「しもと取る　里長《さとおさ》が声は　寝屋戸《ねやど》まで　来立ち呼ばひぬ」と、鞭を持って租税を取り立てるような強い権力を持つ里長が詠まれているが、これは筑前国守であった憶良が中国の古典などを参照して頭の中で描いたもので、実態を示すものではないともいわれている。また養老五年（七二一）の下総《しもうさ》国戸籍では、とりたてて優勢とは見られない戸の郷戸主の兄が郷長となっていて、小豪族とは考えにくい面もある。

大宝律令で五〇戸で里としていたが、五〇戸すなわち一〇〇〇人以上の人々が一つの集落でまとまっていたわけではなく、いくつもの集落を合わせて里が編成されていた。霊亀三年（七一七）には里を郷と改め、一つの郷に二〜三の里を設けることとした。いわゆる郷里制《ごうりせい》である。郷里制では、郷に郷長、里に里正が置かれた。郷里制は行政の単位を細分化したもので、実際の村落に即して、民衆の掌握を徹底することをめざしたと考えられるが、あまりうまくいかなかったようで、二〇年余り後の天平十二年（七四〇）頃に、郷里制の里は廃止されて五〇戸を郷とする郷制となり、これがその後も続くこととなった。八世紀前半の半世紀の間に、里制から郷里制、さらに郷制へと変化したのである。集落のありようは地域によって異なっていただろうから、それを実情に即しつつ一律に編成することに無理があったのだろう。

そもそも里を構成する五〇戸とは、仕丁《しちょう》という中央政府の雑役にあたる人夫を貢進する単位であった。また八世紀前半には、租税を負担する成年男子の数がほぼ一定になるように郷（里）の規模や戸の人数を調整している。郷をなるべく均等にしようとしたのであり、そのような点からすると、小豪族の支配領域をもとに郷が設定されていたとは考えにくい。郷長には、文書を作成するなど事務処理能力が必要であったので、有力農民から郷長が採用されたことは確かで、なかには小豪族といえるような人が郷長となる場合もあったかもしれない。しかしおおよそは、郡司のもとで行政に関わったその他の人々と同列に考えてよいだろう。

律令の中には、郷長と同様に原則として庶人から採用して、租税負担を免除するかわりに職務に就かせるものとして、駅家《えきか》の駅長、牛馬の牧の牧長《ぼくちょう》・牧帳《ぼくちょう》、狼煙《のろし》台の烽長《ほうちょう》がある。これらは、特定の施設を管理するもので、制度的には国司《こくし》の管轄下にあったが、加賀

表1　郡の下級職員・徭丁（弘仁13年太政官符による）

案主（文書起案，雑事管理）	郡別２人
郡書生（文書の清書）	大郡８人，上郡６人
	中郡４人，下郡３人
鎰取（鍵の管理）	郡別２人
駆使（雑用）	大郡15人，上郡12人
	中郡10人，下郡８人
厨長（厨房の長）	郡別１人
駆使（厨房の雑用）	郡別50人
器作（器具の製作）	郡別２人
造紙丁（紙作り）	郡別２人
採松丁（たいまつ作り）	郡別１人
炭焼丁（炭作り）	郡別１人
採藁丁（わら作り）	郡別２人
芻丁（まぐさ作り）	郡別３人
伝使鋪設丁（伝使の接待）	郡別４人
伝馬長（伝馬の管理・運営）	郡別１人
	大郡計94人
徴税丁（租・出挙の徴集）	郷別２人
調長（調の徴集）	郷別２人
服長（機織りの管理）	郷別１人
庸長（庸の徴集）	郷別１人
庸米長（庸米の徴集）	郷別１人
税長（正税の管理）	正倉官舎院別３人
駅使鋪設丁（駅使の接待）	駅別４人

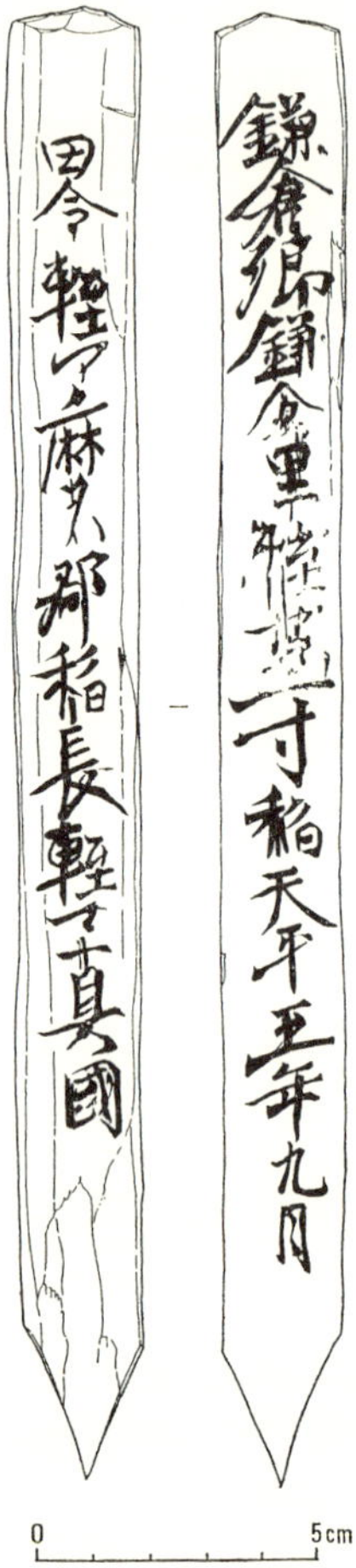

図6　宮久保遺跡木簡の実測図（『木簡研究』第六号、一九八四年、木簡学会）

郡のお触れ書き木簡《もつかん》に見られるように駅長が郡司の命令を受けていて、実質的には郡司の配下でもあった。

郡司の下働き

郷長のように律令が規定するもののほかにも、規定がないものとして、加賀郡のお触れ書き木簡に見られる田領や、いくつかの史料で見られる稲の徴収・管理にあたる税長《ぜいちょう》、書記官の書生《しょせい》など、さまざまな名称のものが知られている。これら郡の職務を担った人々を郡雑任《ぐんぞうにん》と呼んでいる。

郡雑任が史料に現れる早い例として、神奈川県宮久保《みやくぼ》遺跡出土の木簡がある。

・鎌倉郡鎌倉里□□□寸稲天平五年九月

・田令軽部麻呂　郡稲長軽部真国　（『木簡研究』六。行頭の「・」は木簡の表裏を示す）

天平五年のもので、田令《でんりょう》と郡稲長《ぐんとうちょう》の名称が見られる。この木簡は、稲に付けられた付札の木簡で、稲の性格が不分明であるなど、わからない点が多い木簡だが、稲の管理・輸送に関しては大宝律令施行の当初から、郡司の職務の重要な要素であった。したがって田令などの名称はともかく、稲の管理・運用に関わる下級職員が八世紀の早い時期から郡司の下に存在したと考えてよいだろう。

これら郡雑任は律令に規定するものではないので、その職務に対して租税免除などの待遇があったわけではない。仕事そのものが雑徭に位置づけられていたようである。それは弘仁十三年（八二二）閏九月二十日の太政官符からわかる。この太政官符では、「食を給うべき徭丁のこと」として、国や郡で必要な業務と人数を挙げて（そのうち郡の人数を表1に掲げる）、次のように述べている（『類聚三代格《るいじゅさんだいきゃく》』）。

去る七月二十九日の詔で「天下の百姓の雑徭を免除する。ただし必要があって国郡の仕事に従事させる場合には食料を支給せよ」と命じられた。そこで太政官は符を諸国に下して、「食料を支給するのは一人一日あたり米一升とせよ。食料には正税を充てよ」と命じた。これに応じて伊賀・伊勢・近江《おうみ》等の諸国から、従事させる内容や人数を申告してきたが、諸国の文書を見ると、働かせる必要がないのに計上したり、必要があるのに計上していなかったり、諸国で違いがある。国によって差異があるのは公平でなく、道理にも合わない。そこで、右大臣が「諸国で同じように基準を設けるので、これに従え。もし、このほかにやむを得ず働かせる必要がある場合には、太政官に言上して裁定を求めよ」と仰せられた。

表1に掲げた人数は、この太政官符に記された数である。この年に雑徭を免除したことによる措置で、これまで雑徭で働かせていた人々のうち、必要な人数については無償の労役ではなく食料を一日一升支給せよとしたものであるから、この人数は雑徭に相当する人数である。雑徭は律令の規定では年間に六〇日以内であったが、延暦十四年（七九五）に三〇日に変更され、この太政官符が出された時期も三〇日であった。たとえば郡書生《ぐんしょせい》は大郡に八人とあるが、郡に常時八人がいるわけではなく、八人の雑徭三〇日分で計二四〇日分の食料支給を認めるものである。鎰取《かぎとり》二人は六〇日分であるが、鍵の利用・管理は特定の時期に集中する業務ではなく、年間を通して随時必要となるはずで、特定の二人が三〇日だけ鎰取として働くとは考えがたい。書生にしても、書記官であるから、年間を通して随時必要で、繁忙な時期には複数必要なこともあっただろう。したがって、郡司のもとで働く人が、ある時には書生、ある時には鎰取、徴税丁などとしての仕事を行った可能性がある。弘仁十三年太政官符は、あくまでも基準の人数として中央政府が示したもので、食料として支出できる米の範囲を定めたものである。郡ごとに定められた人数を大郡で合計

すると、九四人となるが、一年を通じて働いていたとすると、常時いるべき数は、その一二分の一の八人程度となる。毎日勤務したわけでもないだろうし、農繁期には自分の田地の耕作や経営にあたったとすれば、農閑期・農繁期で勤務者数に差があったということも考えられる。

郡雑任と税のとりたて

このような郡雑任は雑徭の扱いであったから、弘仁十三年太政官符以前には、公的には食料の支給もなかった。三〇日分までは、雑徭そのものであるが、三〇日以上の働きに関しては、それ以上の租税負担の免除などはない。しかし、まったくのただ働きとも考えにくい。郡の仕事に携わった人は、表面には表れない何らかの報酬を得たか、家族や周囲の人などの雑徭の代納の扱いとなったかだろう。報酬が与えられたとすれば、それは正税《しょうぜい》など公的なものから支出することはできないので、郡司の取り分から分け与えることになるが、郡司が自腹を切って報酬を与えたとは考えにくいので、家族などの雑徭を代納したとする方が可能性が高い。雑徭は人ごとに均等に使えというのが中央政府の命じるところであるが、実際には一人が数人分の雑徭にあたる分を負担したことが多かったのだろう。

また、弘仁十三年太政官符に掲げられた名称は、各国で共通して使われたわけではない。たとえば、九世紀の近江国愛智《えち》郡での土地売買に関する売券が二〇通余り残っていて、そこには保証人として種々の人が署名していて、その中には、領、了事、徴部、頭領、庸調領、庸領、税領といった肩書きを付した人が見られる。これらの売券は売り主が郡司の承認を得るために作成した文書で、郡司の承認を得て買い主の手に渡ったものである。その肩書きは郡内で通用したもので、徴部は徴税丁、庸領は庸長、税領は税長に相当するのは名称から推定できるが、領、了事、頭領など太政官符と対応しない名称も多い。また加賀郡のお触れ書き木簡などに見られる田領も太政官符には見られない。この太政官符は、あくまでも中央政府が定めた人数の目安であり、呼称などを統一したものではなかったと考えるべきである。

弘仁十三年太政官符で挙げられた郡雑任の中には、徴税丁など郷別に人数を定めた租税の徴収にあたる現地の村落に密着したものがある。近江国愛智郡売券で署名している郡雑任は、おおむねこれにあたる。土地売却の理由が庸米であるものに庸調領が、正税を売却理由にしたものには税領や徴部が署名している。庸米や正税を納入するために土地を売却したので、その徴税に関わる郡雑任が署名に加わったものである。これら郡雑任が実際の徴税にあたっていたのであり、郡司の行うべき租税の徴収は、実際にはこれら郡雑任の力に頼っていたことが想像される。

弘仁十三年太政官符では、徴税にあたるものと並んで郷ごとに一人おかれた服長《ふくちょう》がある。服長は、服部《はたおりべ》が機織りを職務とする部民であるように、機織り作業の長と考えられる。調・庸の主要な品目は麻布で、養老元年に長さ四丈二尺（約一二・六八メートル）、広さ二尺四寸（約七二センチ）を一端という単位で納入することが定められた。成年男子の一人あたりの調は長さ二丈八尺、庸は一丈四尺で、一人の調と庸を合わせてちょうど一端となる。八・九世紀に機織り機がどの程度普及していたか明らかでないが、幅が二尺四寸の布を庶民が多量に必要としたとは考えにくく、機織り機が個々の戸にあったわけではないだろう。弘仁十三年太政官符で服長が挙げられているのは、調・庸の布が郡司や郡雑任などのもとで、まとめて織られていたからである。調・庸は成年男子の個々に課されていて、正倉院に残る麻布には納めた個人名まで書かれたものがあるが、実際には個人がそれぞれ納めていたのではなかったのである。さきに郡雑任が何人分かの雑徭の代納だろうと推測したのと共通する。律令に定められていた租税は、実際には規定通りに行われていたのではなく、一人一人から徴収したように取り繕ったのが郡司や、その下の郡雑任たちであった。

郡司と郡雑任たち

大領と少領の対立

越前国の東大寺領庄園の文書が、郡雑任の実際のあり方を知る上でも手がかりを与えてくれている。再び足羽郡司の生江東人《いくえのあずまひと》に登場してもらおう。前にも紹介した道守庄での新たな溝の開発について記した天平神護二年（七六六）十月の開発計画書（五巻五四九頁）は、「足羽《あすわ》郡司解」という形で書かれている。前にも述べたように「解《げ》」とは下の役所から上の役所に出す文書の形式である。しかし、この文書に署名しているのは、郡司の中では大領の生江東人一人である。ほかに「寺使」として生江臣黒足と生江臣息嶋、「国使」として伊香《いか》男友が署名している。「寺使」は東大寺の立場を代弁するものとして、「国使」は国司から派遣された使者として署名したと考えられ、それらをまとめて代表したのが郡大領の生江東人である。この文書の内容は、溝を掘って百姓の口分田《くぶんでん》などを損なうことを国司に許可してもらうことを求めたものであるから、国司に提出したものであるが、国司に提出した正文（正式の文書）のほかに、同文の案文（控えの文書）を作成して、東大寺にも送り、それが東大寺文書として現在残っているものである。本来ならば国司に宛てて出す郡司解では、大領・少領・主政・主帳がそろって署名するのであるが、この文書では、大領一人と、寺使・国使の署名で郡司解としている。正規の郡司組織ではなく、大領とその関係者で郡司と称しているのである。

この時期、足羽郡では少領に阿須波臣束麻呂《あすわつかまろ》、主政に大宅人上《おおやけ》と出雲部赤人《いずもべ》がいたことが知られ、ほかに主帳も存在したはずである。少領の阿須波臣束麻呂は、阿須波（＝足羽）という郡名を氏族名に称していて、生江臣と並ぶ、あるいはそれ以上に有力な郡司の譜第氏族であった。阿須波束麻呂は、東大寺領庄園の経営には参画しなかったようで、むしろ東大寺と対立することもあった。

天平神護二年頃には、東大寺は庄園経営の拡大と庄園の一円化を図り、その過程で越前国足羽郡の庄園について、いくつかのトラブルがおこった。それをめぐって、東大寺からの問い合わせがあり、大領の生江東人と少領の阿須波束麻呂は、それぞれ別の申し立てを行った。天平神護二年十月十九日の生江東人解（五巻五五一頁）と十月二十日の阿須波束麻呂解（五巻五五三頁）の二つの文書が残っている。

トラブルの一つは水利をめぐっての問題であった。阿須波東麻呂解では、

郡家が預かって経営している勅旨《ちよくし》の御田《みた》六町は、寒江《さむえ》の沼の水を受けていて、この水は元来は公私共用の水です。勅旨田の専当《せんとう》（担当者）は少領阿須波東麻呂です。この御田の水を東大寺の道守庄所が妨げたため御田を耕作できなくなり、そのことを散仕の五十公《いそきみ》諸羽を使いにして国府に申し上げたところ、国から「草原郷の人である宇《う》治《じ》智麻呂を連れてこい」との命令があったので、智麻呂の身柄を国府に送りました。

これは誤りでした。

とある。このことについて、生江東人解では、

宇治知麻呂は、田使僧らの命令により、東人が私に誂《あつら》えて水守としたものです。知麻呂が罰せられたことについて、私は知りません。

としている。宇治知（智）麻呂は、翌年には東大寺領のために墾田を購入する文書に「道守庄目代」として署名しており（五巻六四九頁）、東大寺領道守庄の経営に参画した人物である。この宇治知麻呂を生江東人は「私に誂えて水守とした」としており、用水の管理を行わせていたことが知られ、その用水利用が勅旨田の耕作を妨げたのである。勅旨田の詳細は不明だが、その経営は国司・郡司の公的な職務だろうし、東大寺も国家的寺院であり、経営には国司・郡司が関わっていた。東大寺領と勅旨田とで、郡司の大領と少領で担当が

分かれ、少領によって知麻呂が国府に送られて処罰されたことを大領が知らなかったのであり、ほとんど相互に連絡することなく業務を行っていたことがうかがえる。

農婦と東大寺の土地争い

もう一つのトラブルは、東大寺領の栗川庄《くりかわ》での、寺領と百姓の口分田をめぐる対立である。阿須波東麻呂の解によれば、

足羽郡野田郷の百姓である車持姉売《くるまもち》が、「東大寺の庄所の使者が私の口分田八段を奪って耕作させないので困っている」と申し出たので、班田を記録する時に書生の委文《しどり》土麻呂と田領の別《わけ》竹山を現地に派遣して調べさせたところ、土麻呂らが言うには「現地の畝《うね》を調べたところ、あれこれと食い違いがある」とのことだったので、判断を保留しました。これは誤りでした。

と記している。八段の口分田は男二人・女三人の五人分（男だけならば四人分）の口分田にあたる。車持姉売は自分だけでなく、家族たちを代表して訴えたのであり、古代の女性の立場を考える上でも興味深い。それはともかく、判断を保留したということは、調査の後も口分田としておいたことになる。そして、東大寺側からの要求により、この詫び状を出しているので結局は寺領とされたことになる。一方、生江東人の解では、

栗川の田で寺使と百姓とが互いに訴えている土地については、私は寺田であると知っていて寺領としました。後に他司が調べたことについては、私は知りません。

としている。東大寺領として大領生江東人が認定していた土地が、班田の時に口分田として与えられたようである。天平神護二年の直前の班田は、天平宝字五年に行われたが、この班田では、ほかにも東大寺領を口分田として班給していて、天平神護二年九月に東大寺がこれを取り戻した際の文書が三通残されている。

班田収授や田地の掌握は、郡司にとって重要な業務であったが、口分田をめぐる調査について大領の生江東人が、「他司」の行ったことで、自分は知らなかったと述べているのである。郡司は大領・少領・主政・主帳の四等官で構成される一つの組織であり、郡家がその事務所であったが、実際には、個々の郡司が別々にそれぞれの業務を行うことが多かったことが見て取れる。生江東人解は東大寺の喚問に答えた弁明状であるので、「自分は知らなかった」というのも逃げ口上であって、実際に東人がこの班田や調査をまったく知らなかったかは、疑う余地もある。しかし、逃げ口上としても、少領の行ったことを大領が「知らない」、「他司のこと」と言い訳できる程度に個々の郡司が独自に活動することが当たり前だったのである。

郡司の配下

少領の阿須波束麻呂の指示で栗川庄で田地の調査にあたったのは、書生の委文土麻呂と田領の別竹山であった。書生や田領は、他の地域でもしばしば見られるもので、郡雑任の代表的なものである。班田をめぐる調査であるので、文書に関わる書生と田地に関する職務を行ったと見られる田領が派遣されたのは、納得できる。班田にともなう田地の調査という、郡務に従事したのだが、大領の生江東人は、これを「他司」と称している。郡雑任は、組織としての郡家《ぐうけ》あるいは郡司機構に属して雑用に従事したと考えられることが多いが、郡務が分掌されていたり、郡司が対立している場合には特定の郡司に従う場合もあったのである。書生の委文土麻呂と田領の別竹山は、もっぱら少領阿須波束麻呂の配下で活動していたのだろう。

いっぽう大領の生江東人のもとで雑務に従事した者としては、東大寺領庄園に関連して活動した人々で、生江臣黒足、生江臣息嶋、生江臣長浜、生江臣村人、それに水守として現れた宇治知麻呂が知られる。生江臣の氏姓の者が多く、彼らは大領生江臣東人の同族と見られる。あるいは東人の子弟もあったかもしれない。大領個人との結びつきで東大寺領の経営に参画したものと推測される。大領の東人からすれば、これらの人々を使うことによって、東大寺領の経営を行うことができたのであり、おそらく郡務全体についても、これらの人々を活用したのだと思われる。

田植えを命じる郡司

このような郡司のあり方を、越前以外の地域について、木簡によって見ていこう。地方の遺跡で出土する木簡《もっかん》は、その現地で廃棄されたものであるから、平城京など都城に送られた文書や木簡とは異なるものが多い。上下

図7　荒田目条里遺跡出土木簡（いわき市教育委員会提供）

関係の役所で、上から下に出す文書は「符」という様式で書かれた。郡司が郡内に発した命令書が郡符である。郡符は中央に送られることがないので、東大寺文書や正倉院文書などの紙の文書として残されていない。地方の遺跡から出土する木簡によって初めてその実態が知られるようになったものである。本書の最初に紹介した加賀郡のお触れ書き木簡は、組織としての郡司から出された郡符であったが、その他の各地で見つかった郡符の木簡は、必ずしも郡司組織から出されたものとは限らない。

たとえば、福島県荒田目《あつため》条里遺跡の木簡に、郡司の職田《しきでん》（郡司に給与として与えられた田）の田植えを命じた郡符木簡がある。九世紀のものと推定され、長さが約六〇チセンの長い木簡である。最初の三行の改行箇所は／で示した。

・郡符、里刀自、手古丸、黒成、宮沢、安継家、貞馬、天地、子福積、奥成、得内、宮公、吉惟、勝法、円隠、百済部於用丸、／真人丸、奥丸、福丸、蘇日丸、勝野、勝宗、貞継、浄人部於日丸、浄野、舎人丸、佐里丸、浄継、子浄継、丸子部福継、「不」足小家、／壬部福成女、於保五百継、子槐本家、太青女、真名足、「不」子於足、「合卅四人」／

右田人為以今月三日上面職田令殖可扈発如件

・大領於保臣　奉宣別為如任件□（宣ヵ）

以五月一日

（『木簡研究』二四）

木簡の冒頭に「郡符」と書いて、里刀自以下三六名の名前を列挙して、その人々を使って職田の田植えを五月三日に行うべきことを命じたもので、郡司の中で大領於保臣《おほのおみ》とだけ記されていて、その下には「奉宣」（宣を受けたまわる）とあり、大領の命を受けた人が書いたものである。その職田も大領の職分田についてであったと解釈できる。郡符として書かれているが、郡司全体の命令ではなく大領一人の命令である。

この木簡は、三六名を指名して作業への召集を命じている。右の釈文では省略したが、各人の名前には合点が付されていて、参加をチェックしている。そのうち足小家と子於足の二人には合点ではなく「不」の注記があり、この二人は参加しなかったのだろう。参加者は合計三四人であったことが追記で記されている。文中に「扈（雇）い発すべし」とあるから、このチェックは功賃の支払いのためだろう。大領の職分田は六町あるが、賃租ではなく直営で営まれていたことがわかる。木簡に列挙された人々は、ほとんどが氏姓を省略して書かれていて、それでも誰のことを指すか、木簡の受取人にはわかるのだからふだんから大領の下で働いていた人々である。この木簡をめぐっては、大領の命令を受けて木簡を書いた人、木簡を受け取って命令を里刀自以下の所に伝えた人、田植えを監督し参加者をチェックして「合卅四人」と追記した人の三者が関わっている。この三者がすべて同一人であったかどうかはわからないが、大領の直営の職分田であっても、大領自身が現地で田植えを監督したわけではなく、その手足となって監督した人がいたのである。

出挙のメモを書いた木簡

そのような郡司の手足となった人について、注目したいのは次に挙げる新潟県下ノ西《しものにし》遺跡の木簡である。下ノ西遺跡は、越後《えちご》国高志《こし》郡家と推定される八幡林《はちまんばやし》遺跡から約八〇〇《メートル》の位置にあり、郡家の出先機関のような性格の遺跡と考えられている。そこで出土した八世紀中葉の木簡で、容器の底板を転用して、稲の出挙《すいこ》に関するメモのような記載がある。

・殿門上税四百五十九束先上

三百五十束後上一百九束　十四

又後六十六束

掾大夫借貸卅五束　　八十束　　　　　　（『木簡研究』二〇）

「上税」と記すので、正税の出挙に関するものと考えられる。三五〇束が貸し付けた稲で、五割の利息の一七五束が一〇九束と六六束に分けて納められているようである。最初に「殿門上税」と記され、殿門は書状の宛所の脇付などに用いられる語である。近接する八幡林遺跡では「上大領殿門」（大領殿門にたてまつる）と記した封緘《ふうかん》木簡（文書を挟んで封をする板）も出土している。この下ノ西遺跡木簡の「殿門」は、木簡を書いた人、つまり稲を管理した人が仕える特定の郡司を指すものと考えられる。正税の出挙は、そのために国司が国内を巡行したりもする重要な業務であるが、個々の郡司が分担して行うこともあったことが知られる。また、この木簡を書いた人は正税の収納にあたっているので、郡雑任の中の税長にあたるが、この税長が特定の郡司を「殿門」と記していて、特定の郡司に仕えていたのである。しかも、この税長は、「掾《じょう》大夫借貸」の稲も管理していた。掾は国司の判官で、借貸《しゃくたい》は無利子の貸し付けのことをいう。国司は国府の稲を無利子の借貸で借りて、それを出挙に出して利息を自分の取り分とすることが行われていたことは以前から知られている。三五束という少ない量ではあるが、税長は特定の国司の稲も管理して、国司との結びつきも持っていたのである。

郡符木簡として興味深いものに、長野県の屋代《やしろ》遺跡群で出土した次の木簡がある。

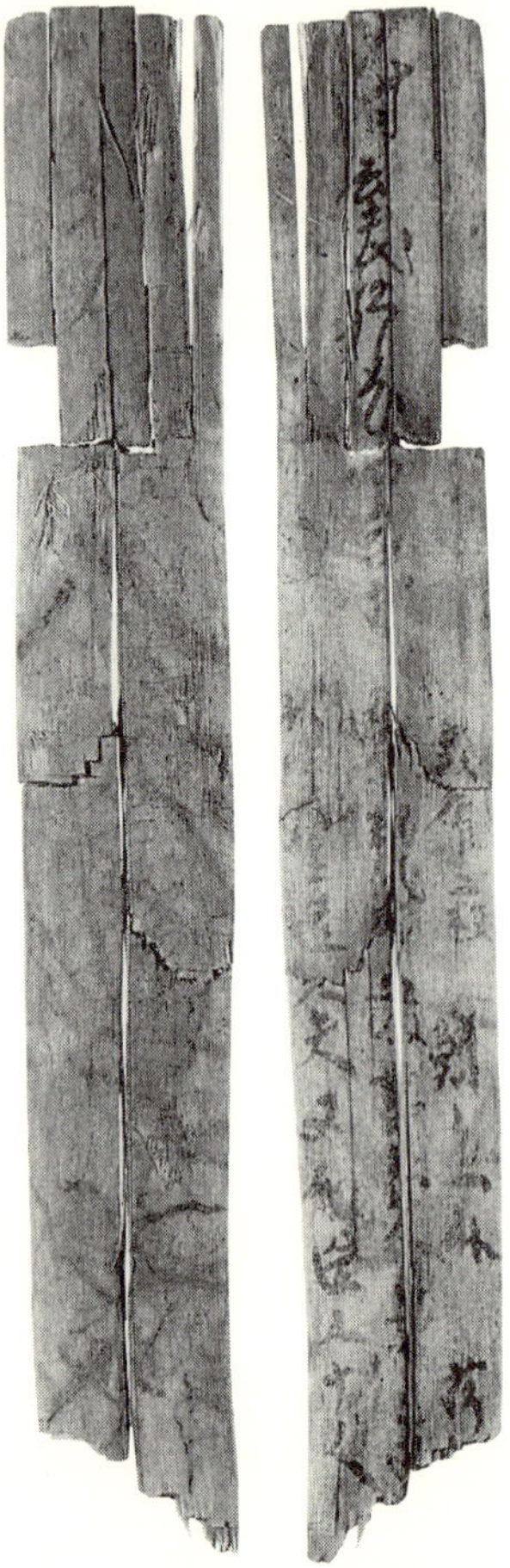

図8　屋代遺跡群出土木簡（長野県立歴史館提供）

敷席二枚　鱒□一升　芹□
・符　屋代郷長里正等　匠丁粮代布五段　勘夫一人　馬十二疋
□（神カ）宮室造人夫又殿造人十人
・□持令火急召□□者罪科
少領
（『木簡研究』二二）

郷長・里正とあるので郷里制の時期、すなわち八世紀前半の木簡である。神宮と「殿」と呼ぶ建物の造営のための人夫などを召すことや、匠丁《しょうてい》の食料のための布やその他の物品を送るべきことを郷長らに命じている。郡司による建物の造営に関する史料として注目されるが、そこでの命令者として記されるのは少領一人である。郡司の中で、この造営を担当したのが少領であったのだろう。「少領」とのみ書いて氏姓も書いていないのは、少領自身が書いたのではなく、少領の命を受けた者が書いて、自署を得ないままに屋代郷長らの所に送ったからであろう。

ここで徴発された人夫は雑徭によるものと考えることもできるが、「匠丁粮代布」などの物品は調や庸には該当しない。調・庸は中央政府に送るべきもので、郡司が勝手に用いることはできないはずである。前にも見たように、調・庸は建て前としては、個々の公民が負担することになっているが、実際には郡司やその下でまとめて作られたりしていた。その代わりに、郡の中では郡司らが律令の規定とは別に、必要に応じてさまざまな物品の取り立てを行っていたことを示している。

このように郡符木簡には一人の郡司の命令と解釈できるものが多い。郡司の業務が、郡司四等官に分担されることは、郡司の専当制と呼ばれて九世紀にすすんだと考えられることが多かったが、八世紀前半から個々の郡司による分担が行われていたことがわかる。特に大領と少領とは、それぞれ自分の基盤を持つ豪族であるから、大宝律令によって郡司制度が成立した当初から、郡司は組織として共同して行政にあたる面と、個々の郡司が独自の命令系統をもって業務を処理する面の両方があったのだろう。そして個々の郡司の下には、その命令を受けて木簡を書いたり、それを相手のもとに送ったり、郡司の手足となって働いて郡司の仕事を支える人がいたのである。

郡司と中央官人

正倉院文書

古代の村々のあり方は全国で一律であったわけではない。畿内やその周辺では、都に近いことから都で行われる種々の事業に役民として動員されることが多かった。またみずからすすんで造営事業などに参画する者もあった。都のありようが周辺の村々に大きな影響を与えることもあった。ここでは、都の官司や官人と郡司たちとの関わりを見ていこう。

八世紀の史料として特色のあるのが正倉院文書である。正倉院文書は、正倉院に伝来したとはいっても、聖武天皇遺愛品や東大寺大仏開眼《かいげん》供養《くよう》のための品々とは性格の異なるもので、おもに東大寺で行われていた写経事業に関わる事務帳簿や文書類である。

奈良時代には、仏教が国家の保護を受けて繁栄した。東大寺の経営のために造東大寺司《ぞうとうだいじし》

図9　正倉院文書中の「大大論」と題する人物画の落書き
（『大日本古文書』第2巻）

という官司が設けられてさまざまな事業を行った。写経事業もその一つで、写経所《しゃきょうじょ》が造東大寺司の下部機関の一つとして、多くの経典の書写を行った。写経所では働く写経《しゃきょう》生《せい》たちの勤務状況や、紙、墨、筆などの支給に関する帳簿や、銭や食料の帳簿など多くの帳簿が作られた。これらの帳簿や、写経所に来た文書、写経所が出した文書の案文《あんもん》（控えの文書）などの文書類が正倉院文書の主要な内容である。奈良時代末に写経所が閉鎖された時に、この文書・帳簿類が正倉院の中に置かれたようである。管理が厳しい正倉院であるから、宝物類の多くが現在まで伝わっている。それでも宝物として著名なものは、長い時間の中でさまざまな人が持ち出して失われていったものもあったが、写経所の文書はゴミのようなものであるから持ち出す人もなく、そののち千年以上も、ほとんど手つかずの状態で正倉院の中に放置されていたのである。

江戸時代の後期、一九世紀になって国学者がこの文書に注目するようになり、調査と整理を始めた。そこで気づいたのは、帳簿類は、紙が貴重な時代であったから、不用になった文書の裏を利用して作られていて、帳簿の裏にはさまざまな文書が残されていることである。その中には写経所に来た文書だけでなく他の役所で廃棄された文書も使われていた。プロローグで触れた戸籍だけでなく、国司の財政報告書である正税帳《しょうぜいちょう》や、国司が文書の授受を報告した計会帳《けいかいちょう》など種々の公文書もある。これらは民部省など中央官司で廃棄された文書で、たまたま写経所でその裏を使ったために残されたのである。偶然が重なって残った文書で、これら公文書は断簡ではあるが、諸国から中央政府に送られた文書であり、奈良時代の地方行政を探る格好の素材とされている。

また写経所の文書・帳簿類は、写経所という特殊な役所ではあるが、一点一点の帳簿は、かなり細かな事項を記したもので、奈良時代の役所のありようを伝えるものである。またそこで働く人々の実態を探る上でも重要な史料となっている。

写経所では、実際の経典の書写にあたる経師《きょうし》、その書写の誤りがないかをチェックする校生《こうしょう》、書写したものを巻物に仕立てる装潢《そうこう》など、作業別に職員が分かれていた。これら写経に従事した人々を写経生と呼ぶが、彼らは造東大寺司の専属官人ではなく、大舎人《おおとねり》や散位《さんに》など他の官司に所属する下級官人や、白丁と呼ばれる官人身分を持たない人々であった。彼ら写経生は、それぞれの仕事量に応じて給与が支給され、また勤務した日には食料が与えられた。給与や食料などの待遇は、官人身分の有無に関係なく、写経所の中での作業分担に応じて支給されていた。写経所のような官司の末端である作業現場では、官人身分であるかどうかは、仕事や待遇にあまり関わらなかったのである。地方だけでなく都でも官職と位階という律令官人制の建て前は徹底していなかったといえる。

また写経生は、本籍地が京内とは限らず、畿内やその周辺に本籍を持つ者が多かった。彼らは年間を通してほぼ恒常的に勤務していた場合が多い。稲作では、五月の田植えと八月の収穫期がもっとも多忙な時期で、律令の中でも、この時期には官人に田暇《でんか》という休暇が与えられることになっていた。ところが、写経所の出勤者数は五月や八月に減少することがないので、写経生らは写経所勤務のかたわら農耕も行うというような状態ではなく、単身赴任のように平城京に暮らして、写経作業によって得る収入で生活を成り立たせていたのである。それでも、写経生の中には、氏神を祭るためや、田租を納めるために休暇を取っている例があり、本籍地の村との結びつきは保っていた。畿内とその周辺では、写経生のように都で働く人々があり、彼らを通じて都との結びつきが強まっていったのである。

石山寺造営と周辺の村

滋賀県大津市の石山寺《いしやまでら》は、平安貴族らの信仰を集めた名刹である。石山寺は天平宝字五（七六一）～六年に造営されたが、正倉院文書の中には、石山寺の造営に関する文書も残っている。この時期には、淳仁天皇と孝謙上皇は平城宮改作のため近江国保良《ほら》宮に長く滞在した。近江国は藤原仲麻呂が長く国守を務めており、仲麻呂の拠点であったので、平城宮を離れるにあたって滞在先に保良宮が選ばれたのは仲麻呂の意向が強かったと考えられている。保良宮は周辺に官人らの宅地も班給されて副都に位置づけられ、この副都保良宮に対応する寺院として造られたのが石山寺であった。

石山寺の造営にあたったのは造石山寺所である。造石山寺所は、別当として造東大寺司主典《さかん》の安都雄足《あとおたり》が責任者となり、造東大寺司から多くの人員が配属され、その管轄下にあった。同じ時期には、造東大寺司で行われていた写経事業も石山寺に移転し、造営の終了後に再び東大寺に戻った。このため、多くの文書や帳簿類が東大寺に持ち帰られ、石山寺造営に関する文書類が正倉院文書の中に残されたのである。これらは奈良時代の造営事業に関する貴重な史料となっている。

石山寺造営に要した木工・鉄工・土工などの工人には、造東大寺司から配属された諸官司の官人身分の司工《しこう》と、造石山寺所が雇用した雇工《ここう》とがあった。のべ三四三〇人の工人の

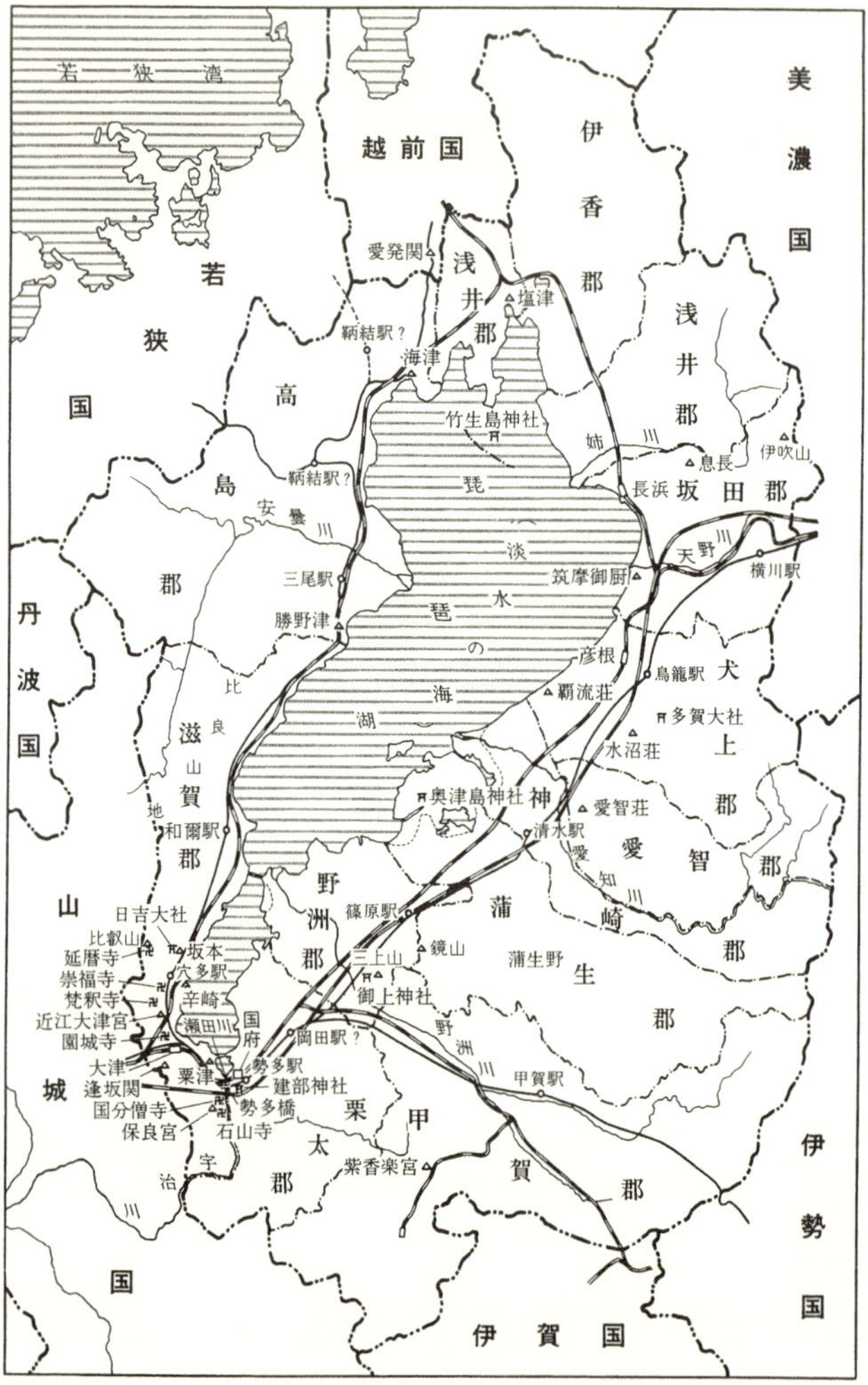
若狭湾
越前国
伊香郡
美濃国
愛発関
浅井郡
塩津
若狭国
浅井郡
鞆結駅？
海津
高島郡
竹生島神社
姉川
息長
伊吹山
鞆結駅？
長浜
坂田郡
安曇川
琵琶
淡水
天野川
横川駅
三尾駅
筑摩御厨
勝野津
琵琶の海
彦根
丹波国
比良山地
鳥籠駅
犬上郡
滋賀郡
湖
覇流荘
多賀大社
水沼荘
奥津島神社
神崎郡
愛智荘
和邇駅
清水駅
愛知川
愛智郡
山城国
日吉大社
野洲郡
篠原駅
蒲生郡
比叡山
延暦寺
坂本
鏡山
三上山
蒲生野
崇福寺
穴多駅
御上神社
梵釈寺
辛崎
近江大津宮
瀬田川
国府
岡田駅？
野洲川
園城寺
大津
粟津
勢多駅
逢坂関
建部神社
甲賀駅
国分僧寺
勢多橋
栗太郡
甲賀郡
保良宮
石山寺
紫香楽宮
宇治川
伊勢国
伊賀国

図10　近江国地図

うち、雇工が一八五九人で、約五五％を占めている（五巻三四二頁）。雇工は農繁期でも作業に従事しており、民間工人として農耕によらない活動をしていたと見られる。この時期には保良宮造営もあり、石山寺周辺では土木事業も多かったので、その需要から民間工人が多く存在したのだろう。

技術者でない単純労働にあたる役夫《えきふ》についても、造東大寺司から配属された仕丁が一四七九人に対して、造石山寺所が雇用した雇夫《こふ》は五八八八人で、約八〇％が雇夫であった。雇夫にも多くはないが賃金が支給され、季節を問わず働いているので、農業から離れて造営に従事する雇夫が多かったようである。保良宮や石山寺の造営は、数年の間に集中的に行われたので、長期にわたる安定した仕事とはならなかったが、少なくとも造営に従事している間は、自分の口分田の耕作などは家族らにまかせて、雇夫などとして得る収入で生活できたのである。平城京の周辺では、造営などの需要は恒常的にあったので、それに応じることで、畿内やその周辺の村々では、都の造営事業などに応じて経済的に自立を強める人々も多かったと考えられる。

租税の横領

ところで石山寺の造営のための費用は、多くが東大寺から提供された。東大寺は全国に多くの封戸《ふこ》を与えられていて、豊富な財力を持っていた。封戸は、元来は上級貴族に位階や官職に応じて与えられる給与で、封戸に指定された戸から

表2　愛智郡司解による封戸租米輸納状況

	年月日	送使	石数	署名者
1	6.4.20	祝　浄足	7.5	大領
2	6.4.20	秦公公麻呂	7.5	大領
3	6.4.21	勝毗登豊成	5.5	大領
4	6.4.21	但波多比止	5.5	大領
5	6.4.25	山公美奴久万呂	7.5	大領
6	6.4.29	石作咋万呂	3.0	大領
	(6.5.1　納入を命じる近江国符　15-197)			
	(6.5.4　督促．乞使秦足人　15-201)			
	(6.5.16　督促．乞使穂積河内　15-206)			
7	6.6.4	秦　小桑	4.0	大領・子弟・国使・寺使（秦足人）
8	6.7.6	依智勝広公	3.0	大領・子弟
9	6.7.9	穴太千依	10.0	大領・少領・主帳・国使・寺使（秦足人）
	(6.7.16　督促．乞使三島豊羽　15-223)			
10	6.9.28	大友夜須万呂	12.0	大領・国使・寺使（勝屋主）
11	6.10.15	祝　蒜万呂	9.0	大領・少領・国使・寺使（勝屋主）
12	6.10.16	粟田久除麻呂	6.0	大領・少領・国使・寺使（勝屋主）
13	6.10.17	秦　佐加志	7.5	大領・国使・寺使（勝屋主）
14	6.10.23	但波常人	6.0	大領・少領・寺使（山公友綱）
	(6.12.1　督促．乞使猪名部枚虫，丸部足人　16-111)			
15	6.閏12.24	依智勝広公	6.0	大領
	(7.1.26　督促．乞使丸部足人，弓削伯万呂　5-383)			
	(7.2.18　督促．乞使坂田池主　5-386)			
16	7.2.20	依智秦公田公	6.0	大領（向京）・少領・子弟2人
17	7.4.8	依智秦公今主	9.0	大領・子弟2人
	(7.5.21　督促．乞使奴立人　5-441)			
	(7.6.9　督促．乞使弓削伯万呂　5-444)			
18	7.6.12	宇遅部石立	10.5	大領

愛智郡司解案は，16-390～399.

署名者の大領は従七位上依智秦公門守，少領は外従八位下秦大蔵忌寸広男，主帳は外少初位下服部直綱公，国使は滋賀団少毅外八位下吉身臣三田次，子弟は位智秦公長万呂と位智秦公浄成である．

出される租庸調の租税が封戸主の収入となる仕組みであったが、寺社に与えられることもあり、東大寺には五〇〇〇戸の封戸が与えられていた。石山寺造営に際しても、東大寺の封戸からの田租が財源に利用されたのだが、その利用をめぐって一つのトラブルが起こった。近江国愛智《えち》郡にある封戸からの田租を取り立てようとする造石山寺所と納入をしぶる愛智郡司との間で、せめぎ合いが行われたのである。

石山寺の造営は、天平宝字五年の末から開始されたが、当初から財源が十分ではなかったようで、天平宝字六年三月十三日に、造石山寺所は造東大寺司に食料の不足を訴えて、米一〇〇石を請求している（一五巻一六六頁）。これに対して、造東大寺司は三月十六日付けの文書で、愛智郡にある東大寺の封戸からの天平宝字四年の田租米が未納であるので、これを近江国司に請求するよう答え（五巻一四三頁）、三月二十三日に近江国から愛智郡に対して未進米の輸納を命じる符が出された（一六巻三九五頁）。

そして、造石山寺所は封戸租米の納入を愛智郡司に直接請求し、封戸租米は四月下旬から少しずつ納められるようになった。しかし、それも滞りがちで、翌天平宝字七年六月まで一年余りをかけ、一八回に分けて納入された。それでも納めるべき約一四九石のうち、納めたのは合計一二五石五斗で、二三石余りは、未納のままであった。納入のたびに、造石山寺所宛てに愛智郡司解が出されており、この文書の写しを書き継いだ案文が造石山寺所で作成されて残されている（解の正文は造東大寺司の政所に送られ、現存しない）。その納入状況は表2に示すが、一度に納められたのは最大でも一〇石程度で、四月に六回、七月に二回、十月に四回など、時折やや集中して輸納されている。その間、造石山寺所からは、しばしば督促の使者が派遣されていて、督促が来ると少しずつ送っているようである。

この封戸租の輸納をめぐっては、造石山寺所が国司を通さずに郡司から直接に徴収していることから、封戸と封主の関わりなどについても、さまざまな面から考えるべき問題点がある。ここでは、愛智郡司と中央の下級官人の動きに着目したい。

そもそも、一年以上前に納めているべき封戸の租が納入されていないことが問題である。その事情をうかがわせる文書が残っている。造石山寺所が取り立てを始めようとした時期の四月四日に造石山寺所から造東大寺司に出された文書である（一五巻一八〇頁）。

造石山寺所が米を請求します

愛智郡の租米

愛智郡の天平宝字四年の租米を徴収して用いよと造東大寺司からの指示がありましたので、徴収しようとしたところ、郡司らが答えて言うには、「その米は、綱丁《こうちょう》に付して進上しました」とのことでした。そこで綱丁を探したところ、綱丁が言うには、「綱丁は、（造東大寺司の）史生の麻柄《まから》又万呂が手実（書類）を持たせて、引率して参向しました」とのことです。米は京に送ったと言っているので、米を入手することができません。そこで天平宝字五年の租米を使って雑用に宛てたいと思います（中略）。

天平宝字六年四月四日　　主典安都宿禰（雄足）

これによれば、愛智郡司と綱丁（租税などの輸送の担当者。有力農民があたったと考えられている）は、すでに納入したと主張し、しかも造東大寺司史生の麻柄又万呂（全万呂・全麻呂とも書かれる）がそれを引率したというのである。しかし、東大寺に租米は入っていない。このことからすると、米は史生の麻柄全万呂が横領したと考えられる。したがって造東大寺司はみずからの下級官人である麻柄全万呂からこれを取り立てればよさそうであるが、実際にはそのようには動かなかった。造東大寺司は、天平宝字五年の租米を用いることを認める一方で、あくまで天平宝字四年の租米の徴収を造石山寺所に命じた。造石山寺所は徴収に努めて、四月二十日以降に愛智郡司から造石山寺所に、少しずつ天平宝字四年の租米が納入されるようになった。愛智郡司は納入済みだという主張を続けることができなかったようで、しぶしぶながら納入に応じている。どうやら麻柄全万呂の横領には愛智郡司も関与していたようである。

下級官人と郡司の結託

天平宝字六年四月には六回に分けて愛智郡から封戸租米が送られた。四月二十一日に送られた五石五斗について、その送り状である愛智郡司解は「勝《すぐりのひと》毗登豊成に付す」として、愛智郡から送ったように記されているが（一六巻三九六頁）、それに対する四月二十八日付けの造石山寺所の返抄（受領書）には、米五石五斗の代わりに銭四貫九五〇文（一俵が四五〇文とあり、一俵は五斗であったことがわかる）を受領したことを記している（一五巻一九六頁）。そして、その返抄では、

造東大寺司史生麻柄全万呂の状には「その米は、進上するのに便宜がないので、時価に准じて銭で進上したい」といっている。その申し出を認めるが、ただし、米の価については、この銭で米を買う時に改めて定める。このことを添えて、勝豊成に付して返抄とする。

としている。愛智郡司は米を送ったと書いているのに、造石山寺所には麻柄全万呂から銭で納められて返抄を出しているのである。ここでも愛智郡司と造石山寺所との間に麻柄全万呂が介入している。愛智郡司が米で送ったものを、途中で全万呂が銭に替えたようにも見えるが、米で納入すべきものを、あえて銭に替える必要はない。おそらく全万呂が手元の銭を納入して、形を取り繕うために愛智郡司解を書面だけ作ったのだろう。愛智郡司と麻柄全万呂の結託があったことは間違いなさそうである。

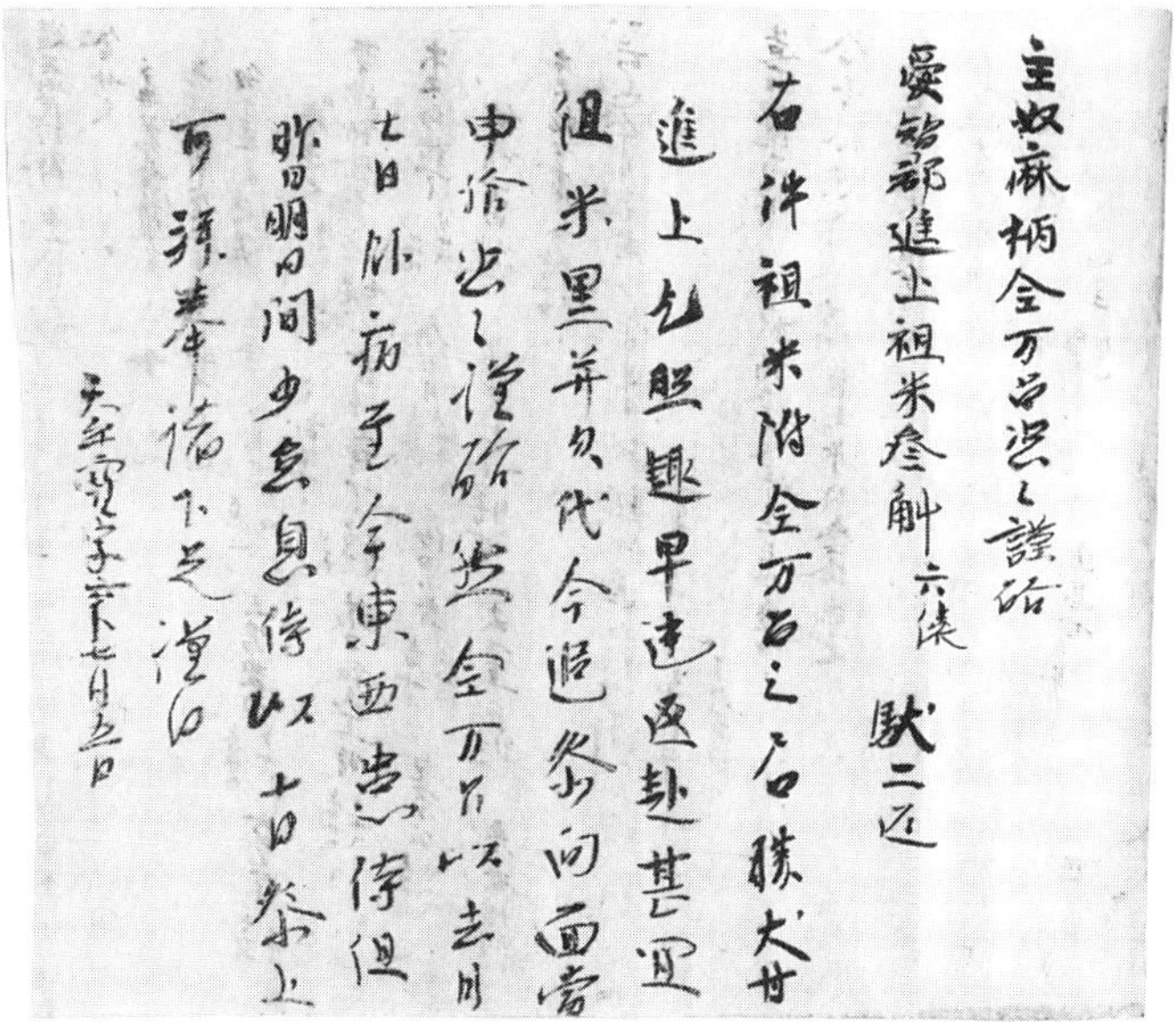

図11　麻柄全万呂啓（『正倉院古文書影印集成』八木書店）

そして、四月の段階では封戸租米の納入を伝える愛智郡司解に署名しているのは大領の依《え》智《ち》秦公《はたのきみ》門守の一人だけであった。愛智郡司の中で封戸租米を担当したのが大領であったことを示すと同時に、麻柄全万呂と結託していたのは郡司全体というより、依智秦公門守個人であったことをうかがわせている。

横領の後始末

同じようなことは七月にも行われている。七月五日の麻柄全万呂啓（五巻二四二頁）では、租米三石を送ることを述べている。

主奴麻柄全万呂が恐れながら

申し上げます。

愛智郡から進上する租米三石　六俵　駄二匹

右の租米は、全万呂の戸口勝犬甘に附して進上します。事情を斟酌して、早速に返抄をお願いします。米黒（穀か）であることや、不足分があることについては、追って参上して申し上げます。ところが、全万呂は先月七日より病気に伏せっていて、今に至っています。ただ昨日今日は少し良くなったので、十日には参上してお目にかかります。

この啓のなかで、不足分などの言い訳を述べている。病に伏せったというのは見え透いた言い訳で、十日に参上するといいながら、実際には参向しなかった。七月十七日に全万呂は再度啓を送って、昨今は要用があって米を送ることができず、二十箇日の間に稲を刈って進上するので佐官尊《さかんのみこと》（造東大寺司主典で造石山寺所別当の安都雄足）に取り次いでもらいたいと、安都雄足の側近と見られる「吉成尊《よしなりのみこと》」に依頼している（五巻二四二頁）。稲刈りの後に送るとしたのが、九月から十月に五回に分けて進上された米に該当するようである。

七月五日の麻柄全万呂啓に見える三石については、送り状にあたる愛智郡司解では七月六日付けで依智勝広公を送使とした三石に相当すると考えられる。この三石の返抄は七月九日付で出されていて、その中では、黒一石五斗、白一石五斗とあり、黒米が混じっていることが麻柄全万呂啓と対応している（一五巻二二一頁）。また、この返抄では今回のものが「例より大いに異なる」として、また薦縄が悪いことを責め、怠らずに進上すべきことを督促している。

文書の日付に注目すると、麻柄全万呂啓が七月五日、愛智郡司解が七月六日で郡司解の方が一日遅い。日付の誤記でないとすれば、全万呂が米を納めたのが先で、後になって愛智郡司解が出されたことになる。すなわち、この場合にも、郡司からの米を全万呂を介して納入したのではなく、麻柄全万呂が自分のもとで融通した米を納めて、その体裁を整えるため郡司から納入したように文書を出したと考えられる。造石山寺所としても封戸租米の納入について、上司の造東大寺司に報告する必要があり、愛智郡司解を整えておく必要があったのだろう。文書に書かれていることが、必ずしも事実を示すものでない場合もあることに注意する必要がある。

また四月二十日には祝《はふり》浄足と秦公麻呂が送使として、それぞれ七石五斗を送っている。祝浄足の分は返抄が四月二十二日付けで出されているが、秦公麻呂の分の返抄は五月二日で遅れている。別々に運んだようだが、あるいは秦公麻呂の分が遅れたのは、これも麻柄全万呂が介在したからかもしれない。

封戸租米の送り状のうち、四月の六通に署名しているのは大領の依智秦公門守一人であり、六月から十月にかけての七通には、大領のほかに国使（近江国府からの使）、寺使（東大寺・造石山寺所側の使）、少領秦大蔵忌寸《はたおおくらのいみき》広男なども署名を加えている。少しずつしか輸納が進まないことに対して、五月には造石山寺所から督促が繰り返されていて、国司も国使を派遣して輸納を督促して、担当する大領だけでなく愛智郡司全体で輸納にあたらせたためと考えられる。造石山寺所は近江国司にも督促を依頼したのだろう。ただし、国使はすべて慈賀団（軍団）少毅の吉身《よしみ》臣三田次であり、国司四等官でないのは、国司も督促にあまり積極的でないことをうかがわせている。軍団の軍毅が国府の雑用にあたることは、他にもしばしば見られるところだが、軍毅は郡司と同様に在地の人が任用され、郡司と同程度か、あるいはそれに準ずる在地有力者であるので、郡司に対する圧力としては限界があったと思われる。五月に行なわれた督促に対しては、前述の麻柄全万呂のものも含めて、六月に一回、七月に二回の納入にとどまった。それでも麻柄全万呂に言い訳の文書を出させる程度の効果はあり、また送り状に少領なども連署するようになったのである。

郡司の子弟

ところが、七月六日の送り状に署名しているのは、大領依智秦公門守と「子弟」の依智秦公長万呂の二人である。「子弟」とする依智秦公長万呂は、その氏姓から大領門守の子弟であることが明らかである。さすがに実態をともなわない送り状に国使や少領は加わらなかったか、あるいは急ぎ文書を整えるためであったかもしれない。いずれにせよ、麻柄全万呂の横領に結託していたのは、もっぱら大領の依智秦公門守であったことが、ここからもうかがい知られ、あるいは子弟もそれに関与していたのかもしれない。

表2に掲げた愛智郡司解を見ると、少領や主帳が署名した愛智郡司解には郡司子弟の署名はなく、郡司子弟が署名したものは大領と連署したものばかりである。大領一人の署名では郡司解として不十分であるので、連署人を求め、郡司子弟の署名を得ることで形を整えたという側面が見て取れる。

郡司子弟は、律令の中でも地方の学校である国学に入学する資格があったり、郡司子弟から郡ごとに一人兵衛が採用されるなど、一般庶民とは異なる扱いを受けていた。延暦十一年（七九二）に兵士を廃止して健児を設置した際にも、郡司子弟から採ることとされていた。郡の行政でも郡書生などの郡雑任となっていたものも多かったと考えられる。造石山寺所に出した文書にも子弟という肩書を付して署名しているので、郡司に準じる立場として対外的にも通用する立場になっていたようである。

中央官人の経済活動と郡司

依智秦公門守のもとで輸送にあたった送使は、封戸租米輸納という本来郡務であることに従事しているので、郡雑任の一種である。越前国足羽郡の事例で見たように郡雑任は個々の郡司によって編成されることがあったが、愛智郡でも大領の門守の手足となって輸納に従事したのである。送使それぞれの一回の輸送分量は三石から一二石となっている。前に紹介した七月五日の麻柄全万呂啓での三石の輸送に使われたのは駄二匹であった。馬一匹で米三俵、一石五斗を運んだようだが、愛智郡からの輸納量は三石、六石、七石五斗、九石、一〇石五斗、一二石と一・五石の倍数となっているケースが多いのは、どれも馬による輸送であったためだろう。一回につき、馬で二匹から八匹の分量である。少しずつ送っているのは、大領の門守が送るのを渋ったこともあるが、郡雑任が持つ輸送力がこの程度であったことによるのだろう。

封戸からの租税は、国司がまとめて送るのが通常だった。天平七年（七三五）の相模国《さがみ》封戸租交易帳という文書も残されていて、相模国からは何人もの貴族の封戸租が国司によって一括して送られている。近江国愛智郡の封戸租が郡司から直接に東大寺に送られていた理由は明確にはわからないが、近江国が平城京に比較的近いので、郡司と造東大寺司との間の直接の連絡も容易であったためかと推測される。造東大寺司の下級官人である麻柄全万呂と愛智郡司との結託もそのような中で生まれたのだろう。

麻柄全万呂と愛智郡大領が結びついた事情はわからない。ここまで、愛智郡の封戸米を全万呂が横領し、愛智郡大領がそれに結託したとして述べてきたが、単なる横領であれば、いずれ発覚して処罰されるのだから、郡司が単純な横領に結託したとは考えにくい。全万呂は封戸租米を一時的に流用して利殖を図ったのではないだろうか。この時期に造石山寺所別当であった安都雄足などの下級官人が、写経所や造石山寺所の財政運営と関連して交易活動などを行って利益をあげていたことを、吉田孝氏らが明らかにしている。麻柄全万呂についても、同じように利殖を図った可能性が高い。そして、それに愛智郡大領の依智秦公門守が結びついたのである。利益があげられれば、短期間で流用した封戸租米を戻すはずであったが、利益が十分にあげられなかったため、取りたてを受けることになったのだろう。中央の下級官人の経済活動と郡司が結びつくことがあったのである。

ここで取り上げたケースは一方が東大寺であったが、近江国の封戸が郡司から直接に封戸主に送られていたならば、同様なことは中央貴族やその配下の家令などの官人と郡司との間でも起こりうることである。近江国のように都に近い所では、封戸に限らず中央官人と郡司とが結びつく機会も多かった。畿内やその周辺では、造営事業などで農民レベルでも都との関わりが深かったが、郡司や郡雑任も貴族や中央官人との結びつきが強かったのである。

譜第氏族とトネリ

郡司への就任申請

郡司クラスと中央貴族の結びつきに関して、下総国の例がある。正倉院文書の中に、他田《おさだ》日奉部直《ひまつりべのあたえ》神護《じんご》という人物が、郡司への就任を求めた内容の文書が残されている。他田日奉部直神護解と呼ばれ、万葉仮名で送り仮名をつけて書かれた珍しい文書で、古文書学のテキストなどによく取り上げられる文書でもある。万葉仮名の送り仮名をもとに読み下した全文を掲げておく。

謹んで解し申し請ふ、海上《うなかみ》郡大領司に仕へ奉らむ事

中宮舎人左京七条の人従八位下海上国造他田日奉部直神護が下総国海上郡大領司に仕へ奉らむと申す故は、神護が祖父小乙下忍、難波朝庭少領司に仕へ奉りき。父追広肆宮麻呂、飛鳥朝庭少領司に仕へ奉りき。又外正八位上を給ひて藤原朝庭に大領司に仕

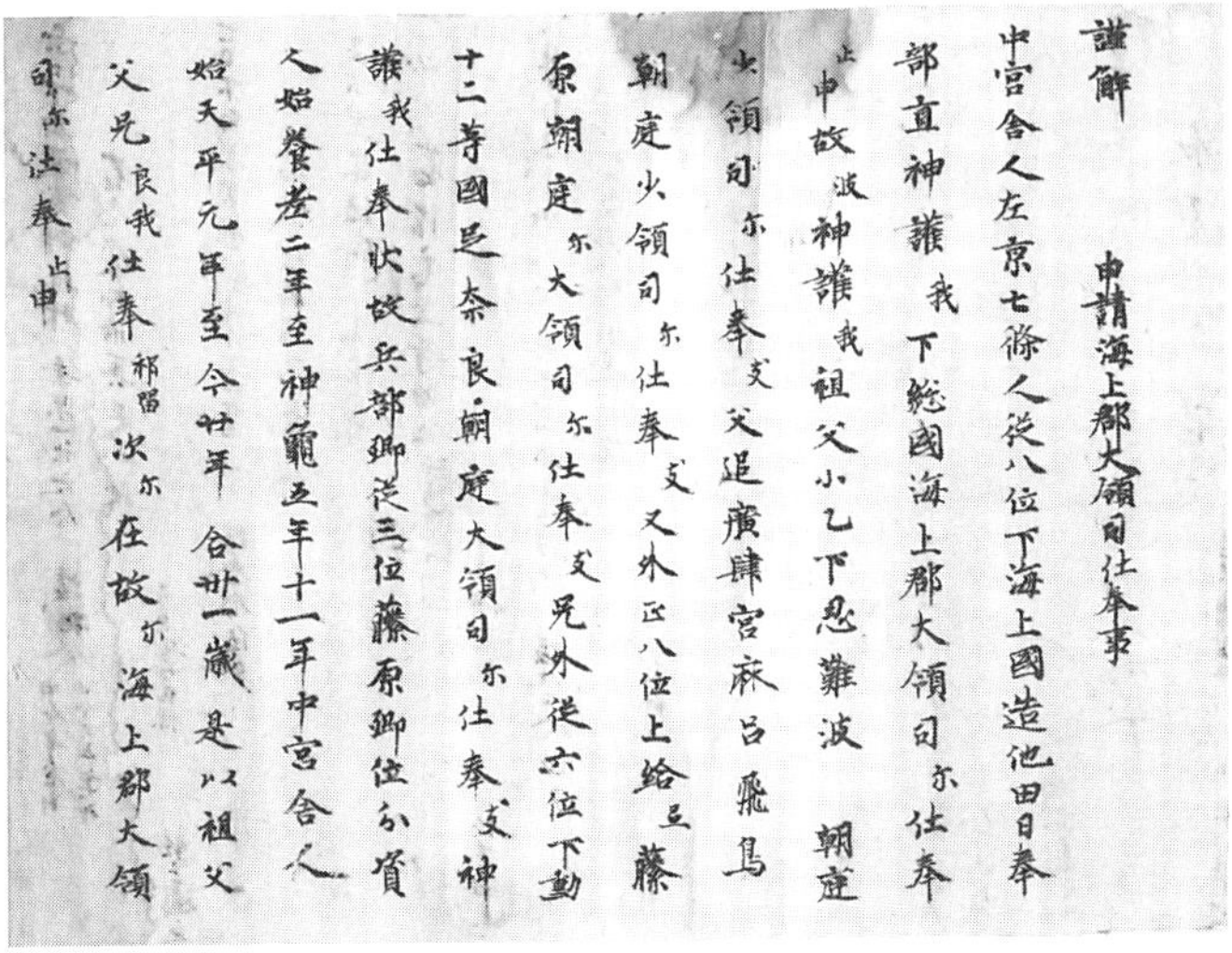

謹解　申請海上郡大領司仕奉事
中宮舎人左京七條人従八位下海上國造他田日奉
部直神護我　下総國海上郡大領司尓仕奉
上中故波神護我祖父小乙下忍難波　朝庭
少領司尓仕奉支　父追廣肆宮麻呂飛鳥
朝庭少領司尓仕奉支　又外正八位上給弖藤
原朝庭尓大領司尓仕奉支　兄外従六位下勲
十二等國足奈良朝庭大領司尓仕奉支　神
護我仕奉状故兵部卿従三位藤原卿位分資
人始養老二年至神亀五年十一年中宮舎人
始天平元年至今廿年　合卅一歳　是以祖父
父兄良我仕奉祁留次尓在故尓海上郡大領
司尓仕奉止申

図12　他田日奉部直神護解（『正倉院古文書影印集成』八木書店）

へ奉りき。兄外従六位下勲十二等国足、奈良朝庭大領司に仕へ奉りき。神護が仕へ奉る状、故兵部卿従三位藤原卿位分資人、養老二年より始めて神亀五年に至るまで十一年、中宮舎人、天平元年より始めて今に至るまで二十年、合はせて三十一歳。是を以て祖父・父・兄らが仕へ奉りける次に在る故に、海上郡大領司に仕奉らむと申す。

（『大日本古文書』三巻一五〇頁）

祖父・父・兄がそれぞれ郡司の少領・大領を務めていたこと、自らが故兵部卿藤原卿（藤原麻呂）の位分資人《いぶんしじん》と中宮舎人《ちゅうぐうとねり》を合わせて三一年務めたことを理由に、神護が海上郡の大領に任じられたいことを述べている。年月日が書かれていないが、内容から天平二十年（七四八）のものであることがわかる。この文書は、造石山寺所の帳簿の裏に残されていて、造石山寺所では別当安都雄足のもとにあった文書が帳簿の用紙として使われることが多く、この他田日奉部直神護解も安都雄足の手元にあった文書であったと考えられている。安都雄足は天平二十年頃には、写経所で働いていて、位階は少初位下、官職は不詳だが、「舎人」と肩書きが書かれているものもあり、あるいは神護と同僚の中宮舎人であったのかもしれない。神護と雄足が旧知の関係で、文筆能力に優れた安都雄足に文章の作成の協力を依頼し、その草案が雄足の手元に残ったのだろうと推測されている。日付が書いていないのは、草案だからだろうが、あるいは万葉仮名で送り仮名があることから、文書として提出したのではなく、式部省での試練に際して口頭で述べる内容を記したものである可能性もある。

資人から舎人へ

神護は養老二年（七一八）に藤原麻呂の位分資人となった。資人は五位以上の貴族王臣の雑用にあたる従者で、位階に応じて与えられる位分資人、大納言（のち中納言）以上の官職に応じた職分資人があり、親王に与えられるのは帳内と称した。いずれも庶人から採用することを原則とし、本主による勤務評定を受けて位階を得ることができたが、その与えられる位階は郡司と同じ外位であった。式部判補によって任命される地位で、最も格下の位置づけであるが、庶人から官人の地位を得るコースとして大きなものであった。ただし、和銅四年（七一一）五月に、位分資人で位階を得ることができるのは四分の一のみとされ（『続日本紀《しょくにほんぎ》』）、官人として昇進する道は狭められた。

他田日奉部直神護は父が少領、兄が大領であったのだから、郡司子弟として兵衛《ひょうえ》となる可能性もあっただろうが、郡司子弟からの兵衛貢進は郡ごとに一名ずつなので、神護は兵衛にはなれなかったようである。養老二年の段階で、神護は郡司の後継者となる可能性が小さかったので、藤原麻呂の資人となり中央貴族と結びつく道を選んだのである。

神護の家は、肩書きに海上国造とあるように国造の家柄で、また氏姓が他田日奉部直で、日奉部を率いて中央に奉仕する地方伴造《とものみやつこ》でもあった。したがって、古くから中央豪族とのつながりはあったはずである。それでも位分資人という最も下の職から官人の道をたどったのである。藤原麻呂は、養老元年十一月に正六位下から従五位下に昇進しており、従五位としてはじめて二〇人の位分資人を持つことができた。神護はその中の一人となったのである。一一年にわたって資人を続けた上で、天平元年に中宮舎人となった。

天平元年は、藤原光明子《ふじわらのこうみょうし》が聖武天皇の皇后となった年で、律令制の中宮職とは別に皇后宮職が新たに設けられた。それにともない中宮職の舎人から皇后宮職舎人に転じる者も多く、中宮舎人にも新たな採用が行われたのだろう。中宮舎人として仕える対象は皇后以外の夫人たち全般で、皇太夫人の藤原宮子《みやこ》（聖武天皇の母で文武天皇の夫人。藤原不比等《ふひと》の娘）も含まれている。そこで、他田日奉部直神護も藤原麻呂の資人から中宮舎人へと昇進したのだろう。

平城京の二条大路の側溝から出土した七万点余りの木簡の中に、天平八年八月に兵部卿（藤原麻呂）宅に出向している中宮舎人一九名の氏名を記した木簡があり、その中に「他田神□」の名が見える。これは、上記の経緯から見て他田日奉部直神護その人であったと見て間違いなかろう。神護は中宮舎人となってからも、もとの本主の麻呂にも仕えていたのである。

長屋王家木簡の郡司

郡司クラスの地方豪族が中央貴族と直接の関係を結んでいたことは、八世紀前期の長屋王家木簡からも知ることができる。長屋王家木簡は和銅三年（七一〇）から霊亀三年（七一七）頃までの時期の約三万五千点の木簡である。その中には、たとえば次の木簡がある。

・宗形郡大領鯛醤

荷物の付札木簡で、筑前《ちくぜん》国宗像郡の大領から直接に物品が送られていたのである。宗像郡司と長屋王家とのつながりは、高市《たけち》皇子（長屋王の父。天武天皇の子）の母が宗像氏出身

であったことによるのだろう。また、長屋王家木簡には、

・封　案麻郡司進上　　印

・案麻郡司進上

という封緘木簡がある。案麻《あま》郡は、尾張国と隠岐国にあり、この木簡がどちらのものかはわからないが、郡司から何らかの文書が国司を介さずに、長屋王邸に直接送られているのである。

また『続日本紀』神亀五年四月辛卯（二五日）条には、次の勅が載せられている。

聞くところによると、諸国郡司らは管内に騎射・相撲と膂力《りよりよく》（力持ち）の者があると、王族や貴族の宅に送っている。詔《みことのり》を出してそのような人を探し求めても、送るべき人がいなくなっている。今後はこのようなことを禁じる。もし違反した場合には、国司は位階を剝奪して現職を解任し、郡司は罰を与えた上で解任する。送らせた貴族らは違勅の罪で処罰する。ただし、すでに帳内《ちようない》・資人に任じている場合は罰する限りではない。

郡司などが、郡内で武力・体力にすぐれた者を中央貴族のもとに送ることが多く行われていたことが知られる。それは、中央貴族と結びつくことによる利益を求めてのことである。相撲人など以外でも、郡司の一族などから帳内・資人となる人を貴族のもとに送るこ

とで結びつきを求めることも多かった。

郡司クラスの地方豪族から中央官人となった例で、特に著名なのは和気清麻呂《わけのきよまろ》である。清麻呂は備前《びぜん》国藤野《ふじの》郡の出身で、姉の広虫《ひろむし》が采女《うねめ》であったと推定されるので郡司の家柄の出身である。称徳天皇に重用され、道鏡の宇佐八幡神託事件《うさはちまんしんたくじけん》で一時失脚するが、最終的に従三位まで昇った。和気清麻呂の昇進は特異な例だが、郡司子弟としては中央官人となって出世することも、選択肢の一つであった。

他田日奉部直神護の場合も、郡司子弟が中央貴族に結びついた事例である。ただし、神護は三一年間、資人・中宮舎人として勤務して得た位階は従八位下であった。資人・舎人などは、この時期には六年で位階昇進の機会があった。所定の日数勤務していれば、三一年では五回の昇進機会があったはずだが、無位から従八位下は五階であるので、一階ずつしか昇進していないことになる。もっとも、前述のように和銅四年から位分資人は、その四分の一しか位階を得られなくなったので、神護は資人としては位階を得ていなかったのかもしれない。それにしても中宮舎人の二〇年間に三回の昇進機会があり、一～二階ずつの昇進であった。神護は、あまり有能な、あるいは勤勉な官人ではなかったようである。だからこそ、神護は都での出世をあきらめて郡司として戻ることを求めたのかもしれない。

他田日奉部直神護は祖父以来の家柄と、自分の官人経歴を理由に海上郡大領への就任を申請した。神護が申請通りに大領となれたかどうかは明らかでないが、神護の兄国足が大領であったのだから、国足に子があれば、それも有力な候補であったはずである。国足と神護に他に兄弟がいたとすれば、それらも候補者となりうる。神護の父宮麻呂の世代でも兄弟で継承された可能性もあり、その場合には神護の従兄弟も候補者となる。

譜第氏族

郡司の大領・少領を選考する方法・基準は、八世紀にしばしば改訂された。才用（能力）と譜第《ふだい》（家柄）の二つの条件、特に譜第をどれだけ重視するかで、中央政府の方針が揺れ動いたのである。他田日奉部直神護解が出された天平二十年の時期には、『続日本紀』天平七年五月丙子（二十一日）条に記された次の法令が行われていた。

畿内と七道の諸国は、郡司の選考にあたって国司が選んだ候補者以外に、別に難波朝庭以来の譜第が重大な四・五人をそえて送れ。もし譜第の家柄でなくても、本人の能力が優れていて、功績が広く知られている者があれば、そのことを記した文書を添えて送れ。

郡領の選考にあたって、国擬の最有力候補のほかに難波朝廷（七世紀なかばの孝徳天皇の時期）以来の譜第が重大な四・五人を候補者に加えよとしている。「譜第が重大」とは、代々郡司の職についていた血筋のよい者のことで、他田日奉部直神護もこれにあたる。譜第氏族の中でも候補者となりうる者が複数いたことがわかる。兄弟や従兄弟の間で郡司の地位を持ち回りにしていくと、世代を重ねるに従って譜第の家柄が拡大していくことになる。一族のまとまりが保たれていれば問題はないが、世代を重ねるに従い、譜第の一族でも分裂が生じることは容易に推測される。次に見るように、八世紀の後半には郡司の地位をめぐる対立が顕在化するようになる。

郡司をめぐる争い――正倉神火事件

神火は神の祟りか

八世紀後半から九世紀にかけて、諸国の正倉で原因不明の火災が、しばしばおこった。原因不明のため、神がおこした火災として神火《じんか》とも呼ばれた。代表的な事例は、宝亀三年（七七一）十二月十九日の太政官符から知られる武蔵《むさし》国入間《いるま》郡の神火で、この太政官符の原本が残されている（天理大学所蔵）。そこには以下のような武蔵国司からの報告が引用されている。

入間郡で正倉四宇、糒《ほしいい》・穀一万五一三石が焼失し、周辺の百姓十人が病気となり、二人が死亡した。卜《うらな》ってみると、郡家の西北の角にある出雲井波比《いずもいわひ》神の祟りであった。神が言うには「私は常に朝廷の幣帛《へいはく》を受けることになっているのに、近年は奉幣《ほうへい》を怠っている。そこで近くの雷神を集めて火災を起こした」ということである。調べ

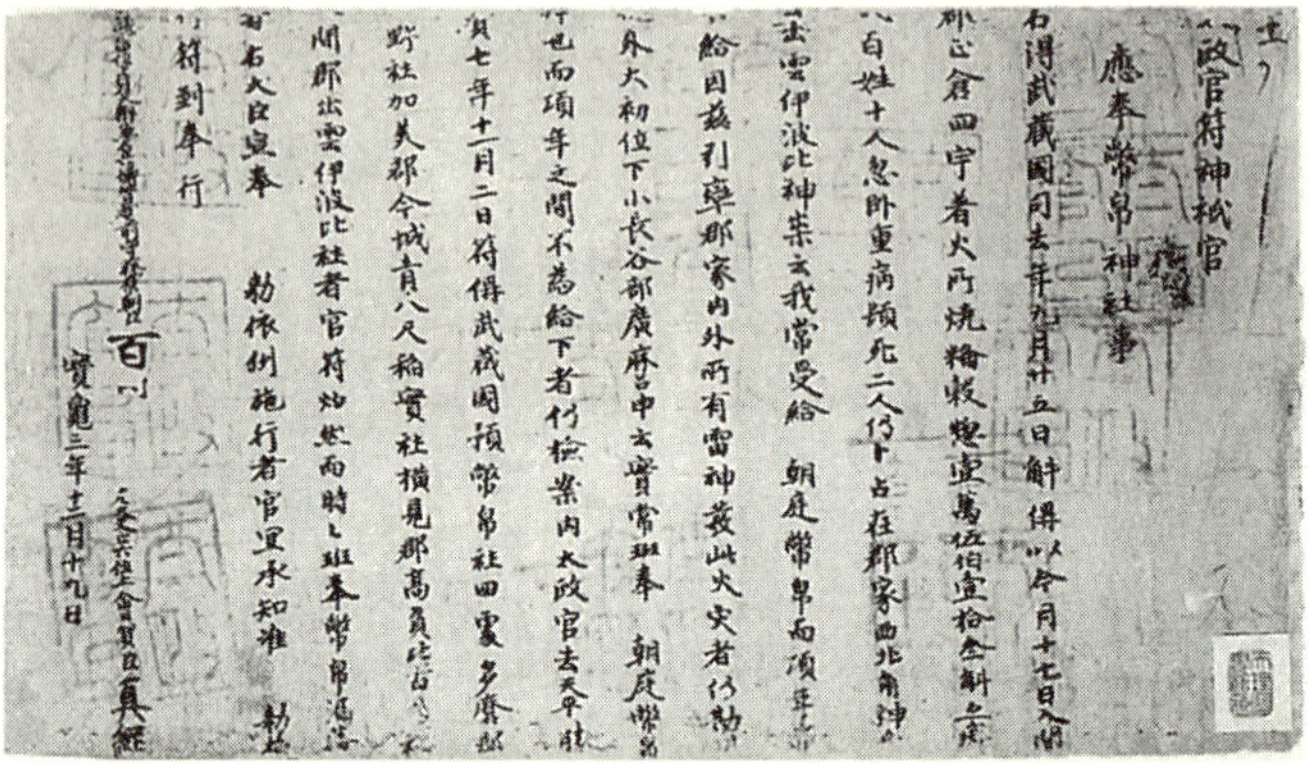
政官符神祇官
応奉幣帛神社事
右得武蔵国司去年九月廿五日解偁、以今月十七日入間
郡正倉四宇着火所焼糒穀惣壹萬伍伯壹拾參斛
百姓十人忽然重病頓死二人、仍卜占在郡家西北角神
出雲伊波比神祟云、我常受給　朝庭幣帛、而頃年不
給、因茲引率郡家内外所有雷神、発此火災者、仍勘
外大初位下小長谷部広麻呂申云、實常班奉　朝庭幣帛
行也、而頃年之間、不為給下者、仍検案内、太政官去天平勝
宝七年十一月二日符偁、武蔵国預幣帛社四処、多摩郡
小野社、加美郡今城青八尺稲実社、横見郡高負比古乃
入間郡出雲伊波比社者、官符如然、而時々班奉幣帛遺漏
者、右大臣宣、奉　勅、依例施行者、官宜承知、准　勅
符到奉行
寶亀三年十二月十九日

図13　太政官符（天理大学附属天理図書館提供）

てみると、たしかにこの神社は奉幣を受けるべきなのに、近年は奉幣が行われていなかった。

この報告に基づき、太政官で調べた上で、神祇官に対して出雲井波比神社への奉幣をきちんと行うよう命じたのが、この太政官符である。

このような火災は、これ以前から頻発していて、『続日本紀』天平宝字七年（七六三）九月朔日条の詔には、

疫病で死ぬものが多く、洪水や日照りもおきている。神火もしばしばおこって、いたずらに官物を損なっている。これは国司・郡司が国神を恭しく祀っていない咎である。

と書かれている。この詔では、これに続けて堤防の修築などを怠っている国司らを責め、不適任者は解任すべきことを命じている。解任の対象は郡

表3　正倉・官物などの火災

神護景雲3年8月	下総国猿島郡	穀6400石余	『続日本紀』
神護景雲3年9月	武蔵国入間郡	正倉4宇，穀1万0513石5斗	太政官符
宝亀4年2月	下野国	正倉14宇，穀2万3400石余	『続日本紀』
宝亀4年6月	上野国緑野郡	正倉8間，穀穎33万4000束余	『続日本紀』
宝亀5年7月	陸奥国行方郡	穀穎2万5400石	『続日本紀』
弘仁7年8月	上総国夷隅郡	正倉60宇，准穎57万0900束	『類聚国史』
弘仁8年10月	常陸国新治郡	不動倉13宇，穀9990石	『類聚国史』
弘仁9年1月	出雲国	官物（賊による）	『類聚国史』
承和2年3月	出雲国	官舎	『類聚国史』
承和2年3月	甲斐国	不動倉2宇，器仗倉1宇	『類聚国史』
天安2年6月	和泉国	官舎60宇余（霹靂による）	『文徳実録』
天安2年5月	肥後国菊池城	不動倉11宇（鳴動．雷か）	『文徳実録』
貞観13年4月	因幡国	兵庫	『三代実録』
承平3年以前	丹波国	倉稲（院守の放火）	『政事要略』
貞元元年1月	陸奥国	不動穀倉21宇（神火）	『日本紀略』

司にも及んだようだが、この段階では中央政府は、正倉の火災も天候不順などと同じく神を祀らないための祟りと考えていた。

しかし、その後も火災が続いた。正史などに記録された事例を表3に掲げておく。この表に掲げたのは記録が残っているものだけなので、実際におきた火災のごく一部分にすぎない。天平宝字七年の詔には、それ以前に神火が頻発していることが述べられているが、その具体的な事例は『続日本紀』に記載されていないし、右に紹介した武蔵国入間郡の火災も太政官符の文書が残っているので知られるが、『続日本紀』には載せられていない。正史に記録されたのは、被害が特に大きかったり、原因が特定できるなど、正史の編纂者にとって重要と判断されたものだけであったと思われる。そして、頻発する火災について、政府も神の祟りばかりではないと判断し、対策に乗り出すようになる。

放火の理由

火災の原因として、主要には、次の二つがあった。一つは、国司・郡司が正倉の稲穀を使い込み、それを隠蔽するために空《から》になっている倉を焼いて、稲穀が焼けてしまったと報告する類である。もう一つは、正倉が火災になると郡司らが責任を負って解任されることから、次の郡司をねらう人が、郡司の失脚をねらって放火することである。もちろん、ほかにも落雷などによる自然火災や、郡司とは無関係な盗賊などによる放火もあっただろうが、政府が対策を講じたのは、上にあげた二つの場合のものであった。

宝亀四年八月に、官物焼失の場合には、郡司はすべて解任すること、また現職の郡司の失脚をねらって放火した者は、次の郡司の選考対象外とすることを命じている（『続日本紀』）。ここには、上記の二つの原因が、ともに挙げられているが、特に現職の郡司に対して全員解任と厳しい。稲穀の使い込みは郡司の全員が共謀して行うわけではないだろうが、郡司の連帯責任にすることで、郡司たちが相互に監視することをねらったと思われる。ところが、現職の郡司が全員解任されるとなると、次の郡司を狙う人々、とりわけ譜第の家柄の人にとっては、郡司となる機会がふえることになる。そのため、現職郡司の失脚を狙った放火がふえたようで、宝亀十年には、郡司の失脚をはかって放火した者は主犯、従犯ともにすべて打ち殺せ、と強い対処を指示している。

しかし、それでも正倉の火災は止まなかった。放火犯に対して死刑に処すと厳しくなっても、犯人が見つからなければ対処できない。現職郡司が解任される方針が続いていれば、危険を冒してでも放火して郡司の失脚をはかる者はあとを絶たなかった。そこで延暦五年（七八六）八月には、次の勅が出されている。

正倉の火災は必ずしも神の祟りばかりではない。譜第の人々が他の人を陥れようとして放火したり、正倉を監督する官人が使い込みを隠匿しようとして放火したりしている。今後は、神の祟りでも人の放火でも、その時の国司・郡司に損失を補塡させよ。現職の官人を解任したり、譜第の家柄を断絶することはするな。（『続日本紀』）

郡司の解任という対処をやめて、焼失した官物を補塡させることとした。郡司が解任されなければ、その地位を狙う者にとっては、放火しても効果がないこととなり、また使い込みを隠蔽した場合でも、その補塡が行われれば政府としては損がないことになる。穏当な対応策と思われるが、政府が神火について認識しはじめた天平宝字七年から二〇年余りの紆余曲折を経て、たどり着いた方策であった。そしてこの対応は、ほぼ維持されたようである。なお『類聚三代格』によれば、延暦五年に補塡の責任を負わせた中に、国司・郡って、責任を負わされるようになっていたのである。

虚納と補塡

それでも延暦五年以降にも正倉の火災は続いた。正税の使い込みを隠蔽するためのものかと思われる。使い込みが一人の郡司によって行われても、焼失分を補塡するのは国司・郡司・税長の全体で行うのであるから、当事者としては使い込みが摘発される前に倉を焼いてしまうことは十分にあり得ることである。

『類聚国史』の弘仁七年（八一六）八月丙辰（二十三日）条によると、上総《かずさ》国夷隅《いすみ》郡で正倉六〇宇、穎稲《えいとう》で数えて五七万九〇〇〇束が焼ける大火災があった。使者が調べたところ、税長の久米部《くめべ》当人が、火災の時に逃亡して自殺しており、状況から判断して、久米部当人が官物を横領して、それを隠すために放火したと考えられるとの報告があった。税長が使い込みをしていたことがわかる事例である。この記事は、火災が国司の守が交替した直後におこっていたため、国内行政をまだ十分に行っていない新任の国司に補塡させるべきか、横領はそれ以前のことなので前任者の責任を問うべきかについて刑部省で議論され、太政官での審議の対象となり、さらに天皇の裁可を求めたことが記されている。結局、国司はすべて補塡を免除され、郡領以下が補塡することが決められた。

『延喜式』によれば上総国の正税・公廨はそれぞれ四〇万束とされている。そのような中で、一一郡からなる上総国のうちで夷隅郡だけで五七万束もの稲が収められていたというのだから驚きである。長年にわたって虚納が累積した結果で、帳簿の上だけの数であったのだろうが、焼けてしまえばその補塡を迫られるのであった。夷隅郡は『和名類聚抄』によれば、余戸を含めて六つの郷からなり、下郡であるので、正員の郡司は大領・少領・主帳の各一名である。三人で補塡するとすれば一人あたり約二〇万束、これに税長（弘仁十三年格では院別三人）や、正規の郡司でない擬任《ぎにん》郡司にも補塡責任があったとしても、全体で一〇人に満たないだろうから、一人あたり五万束以上も補塡しなければならない。個々の郡司の負担能力を超えているように思われる。

夷隅郡で焼失分が実際に補塡されたかどうかはわからない。夷隅郡の場合はとりわけ焼失量が大きかったが、より小規模なものは多かったと考えられる。国司はしばしば交替があり現地を離れるので、夷隅郡の場合のように責任逃れをする余地があるが、郡司は責任を逃れがたい。郡司の誰かが使い込みを隠蔽するために放火しても、郡司全体で補塡しなければならないのだから、補塡を負わされる危険も大きくなる。郡司という地位が、そのような危険をともなう職となったのであり、地方豪族にとって必ずしも望ましい地位ではなくなっていったのである。

評から郡へ

郡司制の成立

評の成立

激動の七世紀

ここまで八・九世紀の郡司《ぐんじ》について、さまざまな側面から見てきた。官僚であるとともに地方豪族としての側面を持っていたのが郡司であり、その豪族としての面があることが八・九世紀の日本の律令制を支えていたのである。このような郡司の制度は、どのようにして作られていったのだろうか。

七世紀前半までは、中央から派遣されて地方行政にあたる国司《こくし》の制度はなかった。地方豪族は、国造《くにのみやつこ》・伴造《とものみやつこ》・県稲置《あがたのいなき》など、さまざまな形で大和政権に服属し、朝廷や中央豪族に奉仕していた。たとえば国造は、一族から舎人《とねり》や采女《うねめ》を差し出し、その生活を支えるための物品も送っていた。これは律令制下でも郡司の子弟・子女から出す兵衛《ひょうえ》・采女の制度に引き継がれている。また、律令制の仕丁《しちょう》にあたるような力役夫を出し、それを養うための物品の貢納もあった。伴造であれば、部民《べのたみ》を統括して、さまざまな物品を納めたり、大和政権のもとで働く人々を出したりしていた。部民の中には、特定の王の宮に奉仕したり（名代《なしろ》・子代《こしろ》）、蘇我《そが》氏に隷属する蘇我部などのように有力豪族に奉仕する部民（部曲《かきべ》）もあった。また、大和政権の直轄地として屯倉《みやけ》が各地に置かれ、国造や県稲置などが管理して、それぞれに物品の貢納も行っていたようである。前に取り上げた他田日奉《おさだひまつり》部直神護《べのあたえじんご》の一族は国造の一族であったが、氏姓に日奉部直とあるように日奉部を統括する伴造の面もあって、国造・伴造・県稲置などが錯綜することもあった。

このように、やや複雑な地方豪族と朝廷の関係が、七世紀半ばから七〇一年の大宝律令制定までの約半世紀の間に、国司・郡司の制度に整えられていった。この七世紀後半の時期には、六六三年の白村江《はくそんこう》の戦いという朝鮮半島への出兵と敗戦、六七二年の壬申《じんしん》の乱《らん》という大きな内戦があり、激動の時代であった。この時期に中央政府の組織も整えられたのであり、日本という国号や天皇という君主号が用いられるようになったのもこの時期であったと考える説が有力である。倭国から日本国への大きな転換があった時期であるが、この半世紀の間に何がどのように変化したのか、一つ一つについては、それぞれ研究者によって見解が異なることが多く、古代史学界でも論争が多い。この章では、地方制度の変化について私見を述べておく。かなり細かな点や、推測による部分もあるが、古代の地方官人を考える上で、この時期のあり方を知ることが重要である。

大化改新論争

郡司制度の始まりは、『日本書紀』によれば、いわゆる大化改新の時であった。大化二年（六四六）正月朔条の有名な大化改新詔の第二条に、

其の二に曰く、初めて京師《けいし》を修め、畿内・国司・郡司・関塞・斥候・防人《さきもり》・駅馬・伝馬を置き、鈴契を造り、山河を定めよ。

とあり、さらに郡や郡司についての規定が述べられている。ここに見える郡や郡司の用語をめぐって、七世紀後半の確実な史料には地域名には評《ひょう》、その職名としては評造《こおりのみやつこ》や評督などと記されていて、『日本書紀』の記述には文飾があることが、戦後まもなく指摘され、これに対して文飾を認めず郡や郡司の表記も大化当時から始まるとする見解との間に、いわゆる郡評論争が行われた。郡評論争は、郡と評のどちらが正しいのかという問題にとどまらず、『日本書紀』の史料性の問題にも及んだ。また大化改新詔全体についても文飾や造作の可能性があり、そもそも大化改新と呼ばれる大きな政治改革が実際に行われたのか、行われたとすれば内容はどのようなものであったのか、という大化改新論争に発展し、論争が続けられた。

郡と評のどちらが正しいかの問題は、その後に藤原宮跡をはじめ各地で出土する木簡から、七世紀後半には評の語が用いられていて、七〇一年の大宝令の施行によって郡と改め

られたことが、ほぼ確実となっている。しかし、大化改新の理解については、見解の対立を残したまま現在に至っていて、七世紀後半の律令制形成過程に関する理解とも関わって、現在も日本古代史研究の上で大きな課題となっている。

評の始まり

評については、『日本書紀』以外の史料でも難波《なにわ》朝廷の時（大化年間を含む孝徳天皇の時期。六四五〜六五四）に郡司が置かれたことを記す史料が多い。また前にも触れたように、郡司の譜第《ふだい》について「難波朝廷以来」ということがしばしばいわれており、八世紀には難波朝廷の時期が郡司が始まった画期として認識されていた。七世紀なかばに評という行政区分が行われはじめたことは間違いなかろう。ただし、それが全国でいっせいに行われたかは疑問で、七世紀後半の半世紀間に試行錯誤を経て全国的な制度になっていったと思われる。難波朝廷の時期に評が建てられたことについては、たとえば『常陸国風土記《ひたちのくにふどき》』行方《なめかた》郡条では、「古老の曰く」として、

孝徳天皇の時代の癸丑年に、茨城《いばらき》国造少乙下壬生《しょういつげみぶ》連麿と那珂《なか》国造大建《だいけん》壬生直夫子らが、惣領《そうりょう》の高向《たかむく》大夫・中臣幡織《なかとみのはたおり》大夫らに申請して、茨城の地の八里・那珂の地の七里の合わせて七百余戸を割いて行方郡とし、別に郡家を置いた。

とある。癸丑年は孝徳天皇の白雉四年（六五三）にあたる。茨城国造の壬生連麿と那珂国造の壬生直夫子が申請して、両国造の支配地から一部ずつを割いて行方郡（評）が建てら

れたことを記している。

ほかにも『常陸国風土記』の香島《かしま》郡条では、己酉年（大化五年〈六四九〉）に、

大乙上の中臣某と大乙下の中臣部兎子

多珂《たか》郡条では、癸丑年に、

多珂国造の石城《いわき》直美夜部と石城評造の部志許赤

信太《しだ》郡条逸文（『釈《しゃく》日本紀《にほんぎ》』所引）では、癸丑年に、

少山上の物部河内と大乙上の物部会津

が、それぞれの郡（評）を建てる申請者として記されている。この二人が、それぞれの評の初代の官人となったと考えられる。

二人が評の官人となったことについては、伊勢国でも『皇太神宮儀式帳《こうたいじんぐうぎしきちょう》』に度会《わたらい》・多《た》気《け》両郡の建郡（建評）について

難波朝廷が天下に評を立てた時に十郷を分けて、度会の山田原に屯倉《みやけ》を立てて、新家《にいのみ》連阿久多が督領に、磯《いそ》連牟良が助督に仕えた。また十郷を分けて、竹村に屯倉を立て、麻績《おみ》連広背が督領に、磯部《いそべ》真夜手が助督に仕えた。

とある。ここでの「屯倉」は評家（郡家）にあたり、督領・助督はのちの大領・少領にあたるもので、評制の時期の職名である。度会評・多気評それぞれで督領・助督の二人の官

人が任じられているのである。大宝令で、原則として郡司に大領・少領の二人を置くようにしているのと共通する。評（郡）は一つの地方豪族の支配範囲を設定されたものでなく、二つの豪族の勢力範囲をまたいで設定されているのである。

東国に派遣された国司

このような難波朝廷（孝徳朝）の立評について、注目すべきは『日本書紀』で大化元年に始まる東国国司の派遣である。大化元年八月条に載せる東国国司に対する詔の要点を抜粋すると、以下のようになる。

①国家の所有する公民や、大小の豪族の支配する人々について、戸籍を造り、田地を調べよ。園地や水陸の利は百姓と共にせよ。

②国司は赴任した地で罪を裁いてはならない。他人から賄賂を取って民を苦しめてはならない。

③上京する時には、多くの百姓を従えてはならない。ただ国造と郡領のみを従わせることができる。

④あいている土地に兵庫を造り、国郡の刀・甲冑《かっちゅう》・弓・矢を集めて収めよ。辺境で蝦夷《えみし》と境を接するところでは、武器を集めて数えた上で、もとの持ち主に預け授けよ。

ここで命じられている国司の任務としては、①の土地・人民の調査・掌握が、最も重要な任務だろうが、短期間でできることではないし、国司だけで調べられることでもない。

②は、任務ではなく禁止事項である。④の武器の調査、収公は、この後にもたびたび命じられていて、重要な課題であったが、これも短期間では容易ではない。土地・人民の掌握や、武器の収公の前提として、③の国造や郡領（これは大宝令以降の語で、評造あるいは評督などとあるべき）を従えて京に上ることが最大の任務であったと思われる。詔のなかでは、このことを補足して、

もし名を求める人があって、もともと国造・伴造・県稲置でないのに偽って「わが先祖の時からこの官家《みやけ》を預かり、この郡県を治めていた」と申告した場合、汝ら国司は、偽りのままに朝廷に報告してはならない。詳しく実情を調べてから報告せよ。

とある。「名を求める人」とは、評の官人に任命されることを求める人のことであり、『常陸国風土記』に見られる立評申請者が、それにあたる。官人に任命すべき候補者を同行して、朝廷に報告するのが東国国司の主要な任務であったのだろう。

ここで、注目したいのは、「名を求める人」について、「国造・伴造・県稲置」でない人の偽りを誡めていることである。「国造・伴造・県稲置」が、評の官人となるべき候補者であったのであり、「国造・伴造・県稲置」として、これ以前から朝廷に奉仕している人々を再編成したのである。また、評の官人は国造が任じられただけでなく、伴造や県稲置からも任じられたのである。

国造・伴造・県稲置

『隋書』倭国伝では、七世紀初めの倭国について、

軍尼一百二十人あり、なお中国の牧宰《ぼくさい》のごとし。八十戸に一伊尼翼を置く。今の里長のごとし。十伊尼翼は一軍尼に属す

とあり、軍尼は「クニ」を漢字で表記したもので国造のことと考えられている。一二〇という数は、五世紀の『宋書』倭国伝に載せる倭王武の上表で「東は毛人を征すること五十五国、西は衆夷を服すること六十六国」の合計にほぼ合致し、国造の数が一二〇というのは蓋然性の高い数である。律令制下の郡の数は五五〇余りで、しかも多くの郡では郡領として大領・少領が並び立つのであるから、大領・少領を合わせて全国で一〇〇〇人程度になる。国造の一族からいくつかの郡の郡司を輩出したとしても、郡司やその前身の評の官人のうち、国造の一族から任じられたのは一部分である。

県稲置は、『隋書』に記す「伊尼翼」にあたると考えられるが、県稲置がどのような地位であったか、不明な点が多い。国造の下で地方行政全般にあたったとする説や、屯倉の監督にあたった者とする説、国造の支配に属さない小豪族であるとする説など、さまざまな説があって、理解が分かれている。史料から明らかにすることは難しいが国造・伴造以外の小豪族で、ヤマト政権と関係を結び、朝廷に何らかの形で奉仕するものを稲置と総称したのだろうと、私は考えている。屯倉を管理する者もあっただろうし、部民を統括する

場合もあったと思われる。朝廷に対してさまざまな貢納を行っていて、のちの郡名や郷名を氏族名とするような地方豪族が該当する。

伴造は、前にも少し記したように部民を統率し、部民にはさまざまな種類があった。大別して、大王の后や皇子に服属して奉仕する名代・子代、豪族の支配する部曲、朝廷の官司的な組織に属し手工業技術などで奉仕する職業部の三種類である。職業部の場合でも製品を貢納する場合と、工房に勤務して作業に従事する場合とがあり、それらを統率する伴造の職務内容や、奉仕する対象もさまざまであった。

このような、国造・伴造・県稲置など多種多様な形で朝廷と関係を結んでいた地方豪族を評督（あるいは督領）・助督という二人一組で、一律の職に統一しようとしたところに評制施行の大きな意義がある。ただし、豪族の支配する部曲は少なくとも天武朝までは存続しているので、評制施行によって全面的に統一されたわけではなかった。

評の大小

大化改新詔の中には「郡は四十里を以て大郡とせよ。三十里より以下、四里より以上を中郡とせよ。三里を小郡とせよ」と、郡を大・中・小の三等級に分ける条文がある。この部分は、大宝令での大郡（二〇〜一六里）・上郡（一二里以上）・中郡（八里以上）・下郡（四里以上）・小郡（二里以上）の五等級と差異が大きく、改新詔が大宝令からの転載ではないと考える根拠の一つになっている。

しかし行政区分としての「里」の表記は現在のところ天武十二年（六八三）以降に確認され、それ以前は「白髪部《しらかべ》五十戸」「大山五十戸」のように〇〇五十戸という表記が行われていた。したがって改新詔の郡（評）の等級規定も文章としては天武末年以降のものとしなければならないし、『日本書紀』編纂時の文飾も考えねばならない。また四十里で大郡、三十里以下で中郡とあり、三九〜三一里の場合が不明であるという不備もあるので、この史料からあまり確かなことはいえないが、注目したいのは、最大四〇里、最小三里を一郡（評）としている点で、評の規模が大小の差が大きいことである。

国造は比較的支配する領域が広く、支配する民衆も多かったと考えられるのに対し、県稲置などには小規模な場合もあった。国造・伴造・県稲置をほぼそのまま評の官人として、二人の官人で一つの評としたので、評の規模には大小の差が大きかったのだろう。評の範囲を定めてから、その官人を選んだのではなく、さまざまな形でヤマト政権に服属していた地方豪族を評の官人に任じ、それぞれの支配領域をもとに評の範囲が設定されたのである。その後、大宝令に至るまでの間に、特に大きな評はある程度分割して、大宝令の段階では最大で二〇里とするようになったと考えられる。

評制の施行について、国造の国を評に分割して、国造の支配下にあった中小豪族を新たに組織したと説明されることがあるが、評の官人となったのは、国造のほかに伴造・県稲置としてすでに朝廷や中央豪族と関係を結んでいた地方豪族であって、それ以外に新たに地方豪族を組織したわけではない。また、評制は国造制だけを改めたのではない。国造・伴造・県稲置という複雑なあり方を一元化したことに大きな意義があったと考えるべきである。それでは、一元化された組織であったはずの評は、なぜ約五〇年後に郡に改められたのだろうか。評と郡とはどのような違いがあったのだろうか。

評と郡の違い

評の軍事的側面

大化元年の東国国司詔で、国司に命じた任務の一つに武器の収公があった。ここでの武器の収公とは、のちの刀狩《かたながり》のような武装解除ではない。兵庫を造って武器を集中管理しようとしたのであり、それを管理したのは評の官人であった。武器については、天武十四年（六八五）に次のような詔が出されている（『日本書紀』）。

大角《はら》・小角《くだ》・鼓《つづみ》・吹《ふえ》・幡旗《はた》および弩《おおゆみ》・抛《いしはじき》の類は、私の家に持っていてはならない。すべて郡家に収めよ。

角笛や太鼓や幡旗は軍の指揮のための道具、弩と抛は機械仕掛けで矢や石を飛ばす道具で、軍隊の組織にともなうものだった。個人単位の武器である刀や弓矢とは性格が異なるが、それらを「郡家《ぐうけ》」（当時の表記では「評家」か）に集めさせている。軍隊の統率を評の官人に行なわせようとしたのである。大宝令では、軍団の指揮は大毅《だいき》・少毅《しょうき》などの軍毅が郡司とは別に組織され、国司の指揮下に属することとなるが、天武朝の段階では軍の指揮も評の官人のもとにあった。天武十三年閏四月に天武天皇は「政《まつりごと》の要《かなめ》は軍事なり」として、官人らに武芸の訓練を命じているが、全国レベルでは軍事体制を担ったのは評の官人であった。評の官人は、評督（督領）・助督と記され、「督」という律令制の衛府の長官と同じ文字が使われているのも、評制が軍事的要素を強く持っていたことの表れと見られる。

七世紀には、隋《ずい》・唐《とう》による高句麗《こうくり》侵攻と、それにともなう高句麗・百済《くだら》・新羅《しらぎ》三国の対立抗争の激化があり、七世紀前半から朝鮮三国ではそれぞれ軍事体制の強化が行われ、七世紀後半には百済・高句麗が相次いで滅亡し、その後には新羅と唐との抗争という激動が続いた。このような中で、倭国（日本）もこの朝鮮半島の動乱と密接に関わり、軍事的緊張が強まっていた。国造・伴造・県稲置などの多様な地方支配を評制によって一元化したのは、兵士の徴発など軍事体制の強化をめざした側面があった。そして軍事強化を行った上で、百済復興支援のための出兵を行ったが、その戦争に参加した者の中には帰国後に郡司（評造）となった者もあった。六六三年の白村江の戦いに敗れて撤退した後には唐・新羅の侵攻に対する種々の防衛のための施策がとられている。評制を含めた地方行政にも、その影響は大きかったと考えねばならない。

軍事について想起されるのは六七二年の壬申の乱だが、その発端となったのは、大友《おおともの》皇子《おうじ》の近江朝廷が天智天皇の山陵を造営するために人夫を集め、その人夫に武器を持たせたことであった。これは吉野に隠遁している大海人皇子《おおあまのおうじ》を襲うためであるとの報告があって、大海人皇子は吉野を逃れて挙兵することになった。山陵造営の役夫でも武器を持てば兵士となるのである。戦争のための軍事動員と土木工事などのための役夫動員は同じことであった。百済復興の派兵をした斉明天皇は、多くの土木工事を行なったと『日本書紀』に記されている。土木事業に人を動員できる体制を作ったことを前提に百済への派兵を行ったのである。

もちろん兵士としての能力を高めるには訓練が必要であり、その訓練のために、兵士を一般の力役と分けたのは、持統三年（六八九）閏八月のことである。諸国司らに対して次のように命じられた。

この冬に戸籍を造れ。九月までに浮浪人を調べて捕らえよ。兵士は一国ごとに成年男子の四分の一を選び徴集して、武芸を習わせせよ。

この戸籍は、庚寅年籍《こういんねんじゃく》と呼ばれ、庚午年籍《こうごねんじゃく》から二〇年を経て造られた二番目の全国的な戸籍である。これ以後に定期的な戸籍作成が行われ、班田収授《はんでんしゅうじゅ》など戸籍に基づく支配が本格的に行われるようになった画期的なものである。同じ持統三年六月に施行された飛鳥浄御原令《あすかきよみはらりょう》に基づく造籍であり、兵士が一般の力役と分離したのも飛鳥浄御原令からであったと考えられる。軍毅が評造と分かれて国司の直属になるのが、浄御原令からであるか、大宝令からであるかは、にわかに決めがたいが、評から郡への変更が大宝令であったことからすると、軍毅が郡司と別に置かれたのは大宝令に始まった可能性が高い。軍毅は八世紀には郡司とほぼ同等あるいはその下の豪族層から採られていた。これらを官僚機構に取り込んで組織することによって軍事体制を強化したのであった。

評の官人

評の官人として、評督あるいは督領や助督、それに評造の呼称が知られている。督は長官、助督は次官で、それぞれ大宝令以降の大領・少領に相当する。評造は督・助督の別称もしくは総称であろう。評造については、国造からまず評造に変化し、評造が分かれて評督・助督となったという変化を考える見方もあるが、戊戌年（文武二年〈六九八〉）の年紀がある妙心寺鐘銘に「糟屋《かすや》評造舂米連広国《つきよね》」とあり、大宝令の施行直前でも評造の呼称が用いられているので、評造から評督・助督に変化したとは考えにくい。督と助督が公式な職名であるが、国造や伴造などの「造《みやつこ》」の呼称が評でも通称として用いられ、督も助督も評造と称することがあったのだろう。

評の設定に際して、督・助督の二名ずつの官人を任じているのは、二人で一つの評とすることで豪族相互に牽制させることや、どちらか一方が欠けた時にも行政が行えるよう備えたことなどが考えられるが、それに加えて、国造・伴造・県稲置などの性格の異なる豪族を組み合わせることで租税や力役の徴収などを全国で一律に行うことをめざしたのだろう。調・庸の租税制度が整ったのは天武朝頃と考えられていて、評制施行から少し遅れるが、全国的に租税を統一することができたのは評制という一元的な行政組織があったからである。しかし、それぞれに基盤を持つ豪族を組み合わせて評を組織したことは、評あるいは後の郡の中に当初から分裂する要素を含むことでもあった。

評の官人には、評督と助督の下に、主政・主帳に相当する実務官も置かれた可能性がある。静岡県伊場《いば》遺跡出土木簡に己亥年（文武三年〈六九九〉）の年紀とともに「史□（佗）評史川前連」とある。史佗評はのちの志太《しだ》郡で、「評史」の「史」はフヒトで主帳にあたる職名と見られる。ただし、前にも紹介したように、大宝令施行後でも和銅五年（七一二）四月までは郡司の主政・主帳は、国司が任命して名簿を中央に送るだけであった。そうだとすると、評制段階の「史（フヒト）」のような下級職員も、国司あるいは評造のもとで任命され、中央政府には名簿が送られる程度だったのだろう。あるいは八世紀以降の郡雑任のように、評造のもとで独自に組織されて、中央政府が関与しなかったとも考えら

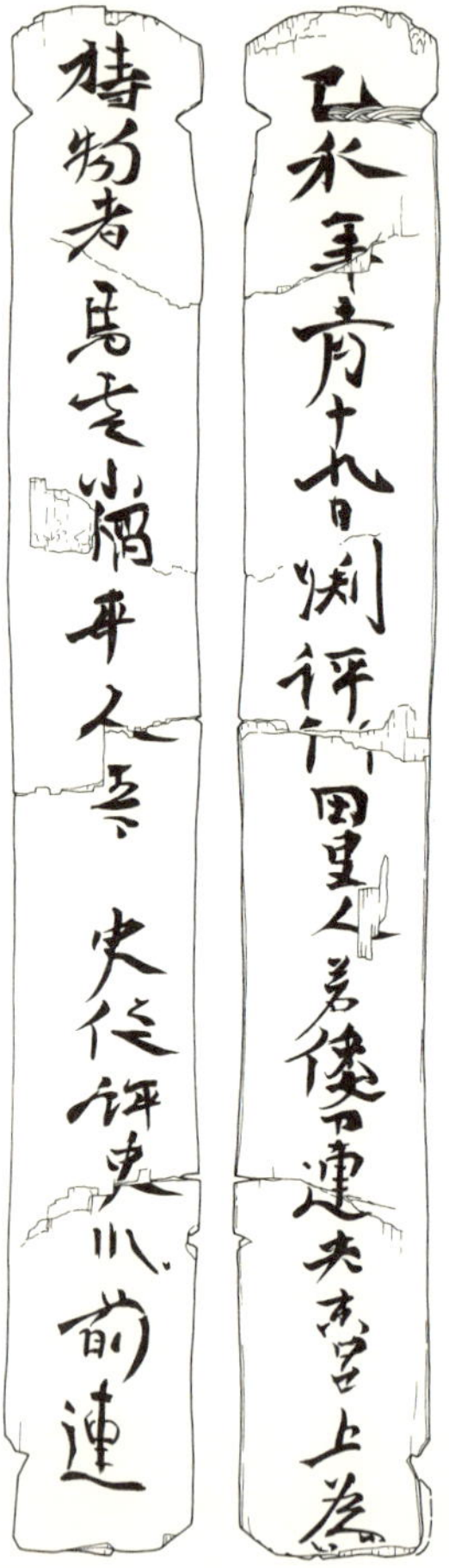

図14　伊場遺跡木簡実測図（『伊場遺跡発掘調査報告書　第一二冊』二〇〇八年、浜松市教育委員会）

れる。

大宝令で主政・主帳が判任の官職に位置づけられて太政官で任命されることとなり、さらに和銅五年に任命の手続きを整えたことで、国造・伴造・県稲置以外の中小豪族も主政・主帳として官僚機構に組み入れたことになる。軍毅が大宝令で郡司とは別に置かれるようになったこととあわせて、大宝令施行以降に各地の中小豪族を官人組織に組み入れて、中央政府が地方に対する支配を進展させたと見ることができよう。評制の段階では、督・助督の二人ずつが、中央政府が任命する評の官人であった。調・庸の租税制度を実施するなど地方行政が進展し、その行政の必要から評の中で事務官人を組織したのが主政・主帳であり、督・助督を引き継いだ大領・少領と評制のもとで新たに組織された主政《しゅせい》・主帳《しゅちょう》とは、その成立の過程が異なっていたのである。

五十戸造とは

評制下には、五十戸《さとの》造《みやつこ》という職名が散見される。七世紀の木簡にだけ見られる職で、律令制下の里長に相当すると見られるが、里長とは多少違いもあったようである。たとえば、飛鳥の明日香池《あすかいけ》遺跡出土木簡に次のものがある。

・丁丑年十二月三野《みの》国刀支評次米

・恵奈《えな》五十戸造阿利麻

春人服部枚布五斗俵　（『評制下荷札木簡集成』）

丁丑年は天武六年、三野国は美濃国、刀支評はのちの土岐《とき》郡、次米は市大樹氏によれば、粢（しとき）で餅米の一種であろうという。その五斗の俵の付札である。恵奈五十戸造は五〇戸を統率する職と見られ、阿利麻がその名である。氏にあたる記載がないが、恵奈が氏でもあって重複するので省略されたのだろう。五十戸造が貢進の主体であるが、後の里長が貢進の主体となる例は見られない。その点で、五十戸造は里長とは性格が少し異なる。なお恵奈五十戸はのちの恵奈郡の中心地域と考えられる。天武六年以降に刀支（土岐）評から恵奈評（郡）が分立したと見られる。

また、飛鳥の石神《いしがみ》遺跡出土木簡に次の木簡がある。

・乙丑年十二月三野国ム下評

・大山五十戸造ム下部知ツ

　従人田部児安

（『評制下荷札木簡集成』）

乙丑年は天智四年（六六五）、ム下評のムは牟の略体、のちの美濃国武芸《むげ》（身毛・牟義《むぎ》）郡にあたり、同郡には大山郷がある。この木簡は上端に切り込みがあり、荷札の形であるが、何に付けたか物品の記載はない。「従人」の記載があることからすると、大山五十戸造の牟下部知ツという人物そのものを示す木簡と考えられる。飛鳥で出しているのであるから、牟下部知ツが従人を従えて飛鳥まで来ていて、何らかの事情で、その人物を示す札が用いられたと推測される。

同じような例は、飛鳥京苑池《えんち》遺構の出土木簡にも見られる。

・高志国利浪評

・ツ非野五十戸造鳥

（『評制下荷札木簡集成』）

高志国は越国《こし》で、越前・越中・越後に分割する以前の木簡である。利浪評はのちの越中国砺波《となみ》郡だが、ツ非野《つひの》五十戸に相当する郷名は知られない。鳥という人名だけなので、これもツ非野が氏でもあるのだろう。木簡の記載はこれで完結しているようで、人物を示す機能の木簡と考えざるを得ない。これも出土地から見て、五十戸造が飛鳥に来ている状態を想像できる。律令制下では、天平宝字元年（七五七）七月に橘《たちばなの》奈良麻呂《ならまろ》の変《へん》ののちに畿内の村長以上を集めて宣命を伝えた事例があるが、美濃や越から里長（郷長）が上京することは知られない。

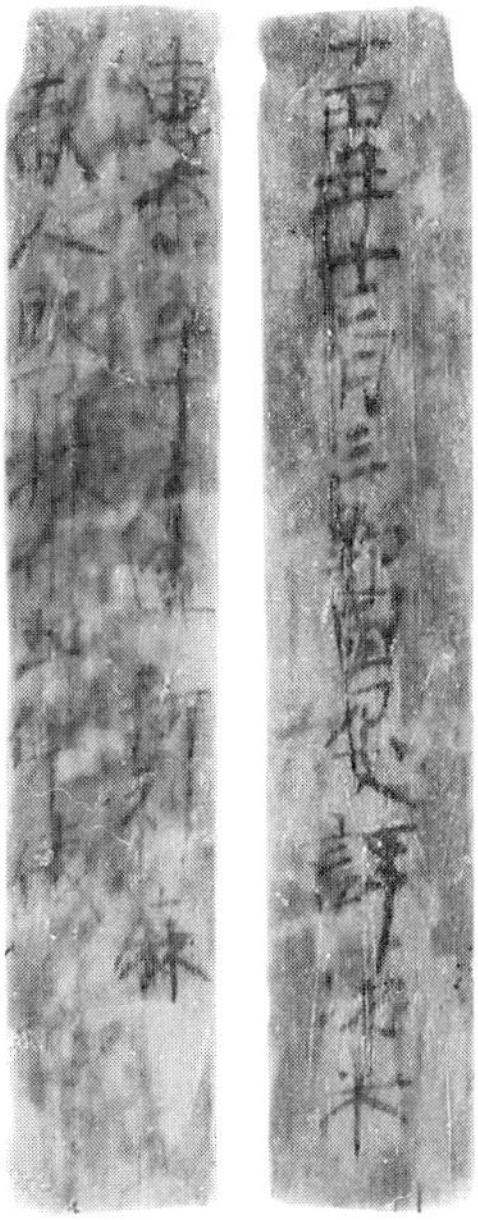

図15　飛鳥池遺跡出土木簡
（奈良文化財研究所提供）

図16　石神遺跡出土木簡
（奈良文化財研究所提供）

国造・伴造は、クニノミヤツコ・トモノミヤツコと訓があり、ミヤツコは朝廷に対するヤツコ（奴）の意味であると考えられている。国造は国の地域を代表して朝廷に奉仕する役割であることからミヤツコと呼ばれたのだろう。また国造はそれぞれの地域の支配者・統率者であることを朝廷から認められた存在である。地域の支配者であることと、

図17　飛鳥京苑池遺構出土木簡（奈良県立橿原考古学研究所提供）

地域を代表して朝廷に奉仕することは、表裏の関係である。伴造も同様に、部の集団の統率者であると同時に、朝廷に奉仕する二つの側面を持っている。造の文字には、ツクルに関係する意味がもっぱらで、ヤツコにあたる意味はない。なぜミヤツコにあたる人々を造の文字で表記したのか、うまく説明することができないが、評の官人が評造とも称されたのは、評の支配を認められるとともに評を代表して政府に奉仕するという、国造・伴造と同じような二つの側面を評の段階でも持っていたからであろう。五十戸造も同様に、五〇戸を統率するとともに、五〇戸の集団を代表して朝廷に奉仕することがあったので用いられた呼称であったと考えられる。県稲置などのうち、評の官人にならなかった者が五十戸造となり、木簡に見られるように貢納の主体となったり、みずから都に出て朝廷に奉仕したのだろう。

五十戸から里へ

現在まで知られるところでは、〇〇五十戸という表記は、天武十二年頃を境に、〇〇里の表記に転換した。そして里の段階では里造という表記は現れなくなる。里は評の下の行政区分となり、里から朝廷に対して直接に奉仕することがなくなったのだろう。逆にいえば、五十戸造が存在する天武朝前半までは、評の中には評に属しながらも一方で直接に朝廷に奉仕する中小豪族が存在したのである。また評の上に国造も存続して、国造・評造・五十戸造の三者が重層する場合もあって、地方支配が評に一元化したといっても、それは不十分であった。

天武十二年前後には、各地に使者が派遣されて、国の境界を画定することが行われ、国・評・里という行政区分が整えられた。この整備の中で、木簡に見られる三野国の恵奈五十戸は恵奈評となり、大山五十戸は大山里となっていったと考えられる。

評造についても、大宝令施行後に郡司になると、郡造という表記は見られなくなる。郡の大領にはコホリノミヤツコの訓があり、訓ではミヤツコの側面が残った。また実態としても現地の支配者であり、朝廷への奉仕者であるという二面性は残ったが、漢字での表記では郡造は用いられないのである。それは国司制度が整備されて、郡司は国司の下僚として位置づけられ、租税の貢納などの奉仕は国司を通じてのものになったことに関わっているのだろう。

国司制の成り立ち

国司の常駐

七世紀後半に評制が行われていた時期には、地方行政にもう一つ大きな変化があった。国司制度の成立である。七世紀前半までの国造・伴造・県稲置の段階では、それらの地方豪族は中央政府に直接に奉仕していたのに対して、八世紀以降には中央から派遣された行政官である国司が郡司と中央政府との間に介在した。郡司が徴収した租税は国司のもとに集められて、国司の責任で中央政府に納められるようになったのである。この国司の制度が作られたことによって、地方官人のあり方に大きな変化があった。

国司についても、大化改新詔が始まりとするのが、古くからの説であるが、改新詔に見える国司の語は郡司と同様に文飾の可能性が高く、改新詔を重視することはできない。それに先立つ大化元年の東国国司は、中央と任地とを往還して、中央政府と評造との間を仲介する存在であって、租税の貢進などは行っていなかった。天智朝までの国司は、おおむね同じような役割であったと推測される。壬申の乱を経て、天武五年（六七六）正月二十五日に、

国司を任じるには、畿内及び陸奥《むつ》・長門《ながと》国を除いて、それ以外は、すべて大山位《だいせん》より以下の人を任じよ。（『日本書紀』）

という詔が出された。大山位はのちの六位に相当し、国司長官の大まかな官位相当を定めたもので、国司の位置づけを明瞭にしたものである。

そして同年の五月三日には、

調を納めるのに期限を過ぎた国司らが犯した状況について「云々」と宣した。（『日本書紀』）

とあり、その宣した内容は『日本書紀』には「云々」として省略されていて不明だが、調を貢進する期限が定められ、国司が貢進の責任を負っていることは読み取れる。それまでは評ごとに行われていた調の貢進が、この頃には国で取りまとめて送るようになっていたのである。調の貢進は毎年のことであり、それを取りまとめるには国司はその国にほぼ常駐していなければならない。国司が守《かみ》（長官）・介《すけ》（次官）・掾《じょう》（判官）・目《さかん》（主典）の四

等官で構成されるようになるのもこの頃であろう。国司が常駐するようになったことで、旧来から中央政府に奉仕していた評造だけでなく、各地の中小豪族と国司との結びつきも生まれてくる。それによって、郡司の主政・主帳にあたる職員を国司が任ずるようなことも可能になったのだろう。

そして、天武十二年から十四年にかけて、諸国の境を決めていった。天武十二年十月、同十三年十月、同十四年十月と、三度にわたって国境を定めるための使者が派遣されている。評造や五十戸造は、そもそもある程度の支配領域を持つ大小の豪族なのだから、その所属する国を決めればよさそうなものだが、そう簡単な話ではなかった。その事情は推測するしかないが、評造などの支配する民衆が地域的には錯綜していたり、評造や五十戸造などに任じられない中小豪族がまだあって、評制の空白地域があったことなどが考えられる。

それまでの国は地方豪族の支配する範囲をもとにした評の寄せ集め的なものだったが、国の境界を画定したことで、境界線によって日本列島内が区画され、行政区分の原理の転換が行われた。国の境界は、川や山など自然地形によることが多く、一つの村を人為的な境界線で分けるというようなものではなかったが、国司制度が機能を強めるに従い、近接する評や郡でも境を挟んで異なる国に属すると、租税はそれぞれの国の国府に送られるので、境界が持つ意味は強まっていくことになった。そして国の領域はその後にも長く維持され、現在の都道府県もおおむね、この国の範囲をもとに設定されている。また、この天武十二年前後の時期に吉備《きび》国は備前国・備中国・備後国に分割され、越国《こし》も越前国・越中国・越後国に分割されたことが知られており、九州地方で筑紫《つくし》国が筑前国・筑後国に、豊《とよ》国が豊前国・豊後国に、肥《ひ》国が肥前国・肥後国に分けられたのも、この時期であったと考えられている。

大宝令の施行

天武十二〜十四年の国の境界画定は、地方行政の上で、画期的なものであったが、この段階の国司のあり方は、まだ大宝令以降の国司とは多少違っていた。『続日本紀《しょくにほんぎ》』によれば、大宝元年（七〇一）六月に、国司や郡司に対して大宝令による行政を行うことが命じられている。この前後に、国司の職務について、大宝元年四月戊午（十五日）条に「田領《でんりょう》を廃して、国司の巡検に委ねる」とあり、また大宝二年二月乙丑（二十八日）条には「諸国司らがはじめて鎰《かぎ》を給わった。これ以前には別に税司《ぜいし》の主鎰《しゅいつ》があったが、この時にはじめて国司に給った」とあって、国司とは別に田領や税司主鎰なるものがあり、大宝令施行によって、それらの職務を国司が吸収したことが知られる。

この田領については、『日本書紀』欽明十七年条や同三十年条に見られる白猪・児島屯倉の監督者として置かれた田令の系譜を引くもので、屯倉の管理に関わるものと考えられている。中央政府の直轄領である屯倉は大化改新以後にも存続したものがあり、現地では評に組み入れられたと見られるが、国司による行政とは別系統で田領による支配が行われていたと考えられる。税司についていては、長屋王《ながやおう》家木簡にも税司の語が見られる。長屋王家木簡は和銅三年（七一〇）から霊亀三年（七一七）の時期の木簡である。その税司は長屋王家の封戸《ふこ》からの貢納に関わるもので、国単位に置かれたと考えられている。そのことから類推すると、大宝二年二月の「税司主鎰」は貴族らの封戸などからの貢納を担当し、その倉は国司が管理する倉とは別にあって、その鍵を管理したのが「税司主鎰」であったと考えられる。大宝令施行までは、このように田領や税司が国司とは別に存在していたが、大宝令施行により、それらを国司に一元化して、国・郡による地方行政を進展させた。ただし長屋王家木簡に税司が見られるように和銅・霊亀年間（七〇八〜一七）に至っても、必ずしも徹底してはいなかったようである。

国府の整備

国司が執務する場所で、国の行政拠点となったのが国府である。国府の遺跡も発掘調査によって各地で確認され、国指定史跡として整備されている所も多い。国府には中核の施設として、重要な政務や儀礼などを行う国庁（政庁）、それを中心に行政実務を行う事務所（曹司《ぞうし》）や、各種の倉庫群などがあり、これら行政機関が

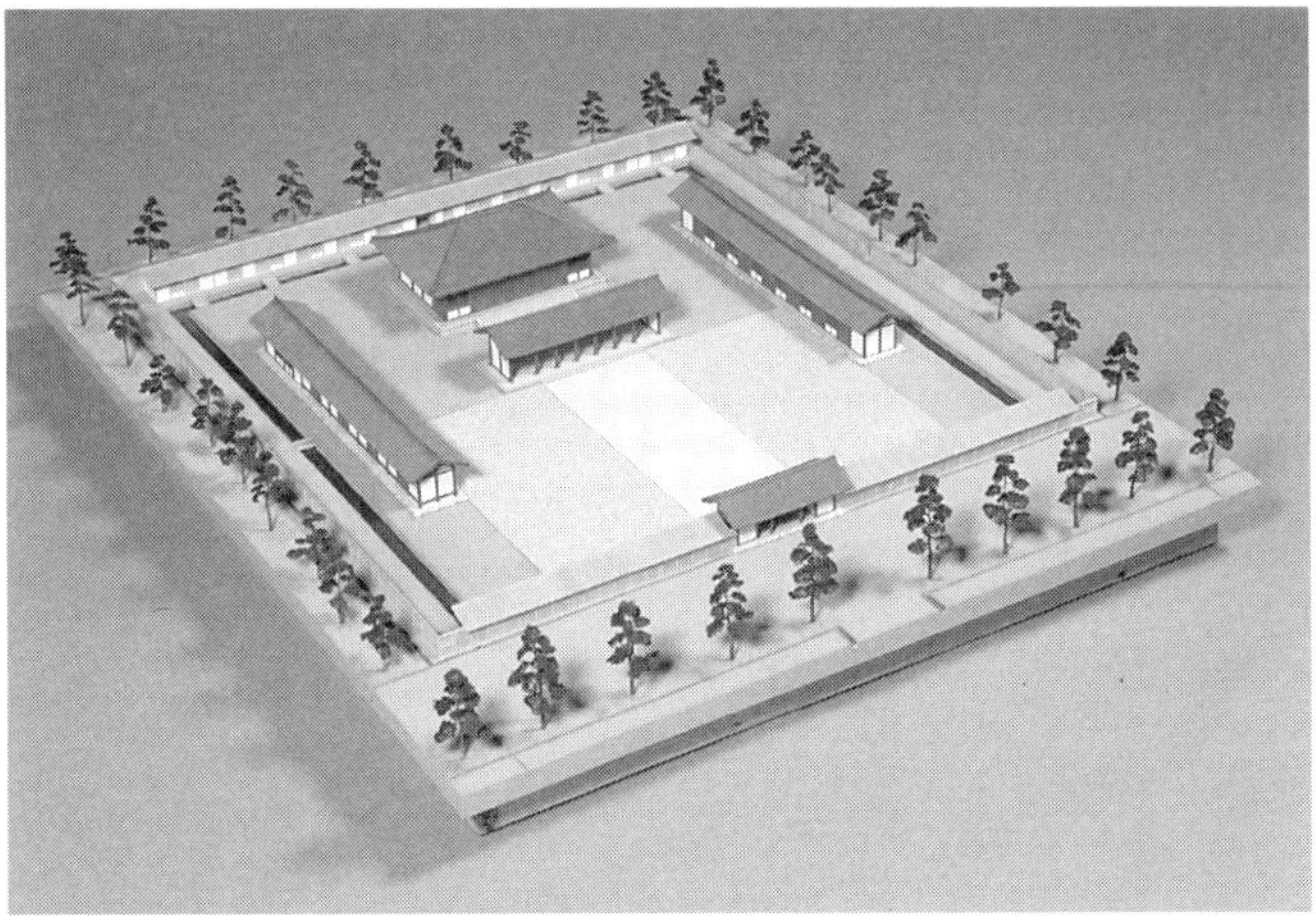

図18　下野国庁の推定模型（栃木県立しもつけ風土記の丘資料館提供）

図19　近江国庁政庁復元模型（公益財団法人滋賀県文化財保護協会提供）

集まる地域を国衙《こくが》と呼ぶこともある。さらに国司が居住する館や、国司以外のさまざまな下級職員や雑徭で徴発された人々の民家や、さまざまな工房や市場などが集まる全体を国府と称している。ただし、平城京や平安京では、役所が集中する区画である宮（大内裏《だいだいり》）と居住区域の京が明確に分けられていたが、国府では行政的な建物の地域と居住地域とが明瞭には分けられていなかったようである。

国府の中心となる国庁は、その中心建物である正殿の南側に広場（庭）があり、広場の東西に脇殿が並ぶのが、おおむね共通した構造である。郡家の「コ」の字型と基本的には同様で、郡家の拡大版ともいえる。また都では重要な儀礼の場として、天皇が出御する大《だい》極殿《ごくでん》と、その南に朝堂院《ちょうどういん》があり、朝堂院は官人らが立ち並ぶ広場を挟んで東西に建物が並んでいて、国庁はこの朝堂院の縮小版ともいえる。

諸国の国府の遺跡の発掘調査の成果によれば、国庁にあたる部分が整備されたのは、おおむね八世紀の第二四半期（七二五〜七五〇年頃）と推定されていて、大宝律令の施行から少し遅れた時期であったようである。『続日本紀』によれば、養老元年（七一七）五月に大計帳《だいけいちょう》など国司が作成すべきさまざまな文書の書式が諸国に下されていて、文書による行政が強化され、国司の役割が増大している。天平二年（七三〇）四月に、国司の主典以上が別々に職務を行っていることをとがめて、国司は共同して職務にあたるべきことを命じており、国司の四等官などが一ヵ所にまとまって政務を行うことが求められている。

国府が整備されたことを受けてであろうが、天平十五年五月には、新任の国司が新舎を造ることや養郡《ようぐん》を置くことを禁じる命令が出された。養郡とは国司を養う郡ということで、それまでは国司のそれぞれが特定の郡から人的・物的な援助を得ることがあったのである。国司四等官が国内の諸郡に分散していることは、中央政府の権威を示すために効果的であっただろうが、国司が一ヵ所に集中することによって、国府が国という地域の中心として機能することになり、国司そのものの権力・権威を示すことになったのである。

神亀五年（七二八）に外五位の郡司も国司に対して下馬の礼をとるようになり、郡司に対する国司の優越が確立したことを前に述べた。これは国府が整備される時期と重なっている。国司の下で郡司が行政にあたるという律令制の国郡制が確立したのは、この七二〇～七三〇年代のことであったと評価できる。

国司と結びつく人々

郡司の変質

国の下級職員

国司が作る文書

前章では、七世紀後半の評《ひょう》制から郡司《ぐんじ》の成立について述べて、話が八世紀半ばまで及んでしまったが、国司《こくし》制度が成立したことと、評から郡に改められたこととは連動することであった。その後も国司による行政のあり方は、郡司など地方官人のあり方の変化と関連している。八世紀には、地方行政はおもに現地の豪族である郡司によって担われ、国司は郡司を統括する程度であって、九世紀頃に郡司の支配力が衰えて、国司がみずから郡司層の人々や新興の有力者を組織し直して、直接に行政や民衆支配にあたるようになったと考えられていた。そのような見通しは、大筋では誤りではないが、八世紀にも国司のもとで、多くの現地採用の職員が働いていたことがわかってきた。そのような国司と現地との関係を中心に郡司など地方官人のあり方の変化について見ていこう。

大宝律令《たいほうりつりょう》が施行され、八世紀前半に国府が整備されると、国府には多くの職員が必要になっていった。大宝律令の施行によって、国が作成すべき文書が増加したのである。たとえば、前にも触れたように『続日本紀《しょくにほんぎ》』によれば養老元年（七一七）五月に「大計《だいけい》帳《ちょう》・四季帳・六年見丁帳《げんていちょう》・青苗簿《せいびょうぼ》・輸租帳等の式を、七道の諸国に頒《わか》ち下す」とある。四季帳は一年の途中での身分の変化により調《ちょう》・庸《よう》の負担に変化が出た人物などを書き上げたもの、六年見丁帳は内容不詳だが、戸籍登載後の調庸負担者の変化を記したものかともいわれ、大計帳とあわせて、これら三つは調庸の徴収に関わるものと考えられている。青苗簿は田地の耕作状況を記したもの、輸租帳は田租《でんそ》の納入状況の報告書で、この二つは租の徴収に関わるもので、いずれも租税を確保するための体制の整備である。

律令制では文書行政が特色で、諸官司や諸国で文書の授受を記録する計会帳《けいかいちょう》という文書を作成することが律令に定められている。実際に正倉院文書《しょうそういんもんじょ》の中に天平六年（七三四）の出雲《いずも》国計会帳の断簡があり、出雲国府での文書の授受状況の一端がうかがわれる（一巻五八六〜六〇六頁）。中央政府に対して頻繁に文書や帳簿が送られていて、たとえば、天平五年八月十九日には大帳（計帳）二巻、郷戸課丁帳一巻など一九種の文書類を送っており、十月二十一日には、三〇通以上の帳簿が送られるなど、まとめて多量の文書が送られることもある。その中には干菜《ほしな》帳、鶏《にわとり》帳など、具体的な記載内容は不明だが、かなり細かいことまで報告しているような帳簿がある。報告書を出しているのだから、蔬菜《そさい》類や鶏について、国府で管理もしていて、その記録も作られていたのだろう。

文書を清書する人

国司の中で、文書の文案を作成し、管理するのは目《さかん》（主典）の役割で、文書を清書するのは史生《ししょう》の役割であった。主典は大国では、大目・少目各一名だが、上国以下では目は一人ずつである。また史生は大国から下国まで、国の規模にかかわらず三名である。帳簿類のもとになる資料は郡司が作ることを想定していたようだが、それにしても正規の国司だけで、大量の文書を作成することは不可能である。しかし、中央政府は、文書行政の拡大に対して国司の人数を増やすことはせず、国司が現地で必要な人員を調達することを求めた。『延暦交替式《えんりやくこうたいしき》』に引用された神亀元年（七二四）三月二十日格では次のように定めている。

正税稲をさいて出挙して利息を取り、名付けて国儲《こくちょ》とせよ。それを用いて、朝集使《ちょうしゅうし》が国に還るまでの間の費用、臨時の労働徴発の費用、籍帳を写す書生の費用、調庸以外のものを京に運ぶ人夫の食料に充てよ。出挙の稲は大国四万束、上国三万束、中国二万束、下国一万束とせよ。

ここに、籍帳を写す書生（「繕写籍帳書生」）が見え、食料を支給して文書の清書にあたらせることとしている。国儲稲の量は、のちに変更されるが、食料支給により書生らを雇用する方針は続いた。書生は、ここでは籍帳を写す書生と書かれているが、籍帳だけでなく、さまざまな文書・帳簿類も清書の対象となっただろう。また、書生は文書の清書だけでなく、さまざまな国務にも携わった。大同二年（八〇七）四月十五日の太政官符（『類聚《るいじゅ》三代格《さんだいきゃく》』）では、備前《びぜん》国の書生からの次のような要求が記されている。

私ども書生は白丁《はくてい》で課役を負担する民です。自分のことを顧みず、長く公けの仕事に従事しています。長期間にわたって京へ往還するので農業を妨げとなっていたり、国内を巡行するのに私的に人馬を用いています。その苦労は郡司と異ならないのに、名誉や給与は与えられていません。そこで、正税《しょうぜい》を借貸していただき、それぞれの窮乏を救ってください。

この要求は受け入れられて、国の等級に応じて書生らへの借貸の枠が定められることになった。書生らは借貸として無利子で借りた稲を、公的には禁止されているが私出挙《しすいこ》を行うことで利息を得ることができる。政府や国司からすれば、無利子なので利息は得られないが、貸した元本は回収できるので損もない。国書生《くにしょせい》は従来から食料を支給されていたが、食料は働いた日に支給される日当にあたるのに対し、正税の借貸は一年単位で与えられる権利であり、年俸に相当する。年間を通じて働いているという実態があったことによる待遇改善であり、国書生が諸国で必須の職員として、その地位が認められたことになる。

この太政官符からは、書生が文書の清書だけでなく、京への往還や、国内の巡行にも携わっていたことがわかる。京へ赴くのが、国司の公の使いに随うのであれば雑掌《ざつしょう》と呼ばれ、物資を運ぶのであれば綱丁《こうちょう》と呼ばれるものとなる。郡雑任と同じように、国の下級職員も、随時さまざまな仕事に従事していたのである。そして、その苦労が郡司と異ならないとしていて、苦労の多いことを述べているが、郡司も国書生と同じように国司の雑用に使われていることも示している。

文書を運ぶ人

正倉院文書には、天平期（七二九〜四九）の諸国の正税帳がある。諸国では正税を公出挙してその利息を国府の財源にあてた。正税帳は、その収支を報告した決算報告書で、中央政府への報告書であるから、体面を取り繕った面もあるが、地方行政の実態を知る上で大変に貴重な史料である。どの国のものも残っているのは断簡であるが、天平十年の駿河《するが》国正税帳は、駿河国を通過した官人たちや、駿河国と隣国との間でのさまざまな使者の往来に支給した食料米を記載した部分が残っている（二巻一〇六〜一二〇頁）。太政官符など中央政府からの命令書を遠江《とおとうみ》国からもたらす使いと、駿河国から隣国への伝達の使いはいずれも某郡散事《さんじ》という肩書きの人々である。

散事とは他の文書では散仕と書かれる例もあり、雑用係という程度の意味である。駿河

表4　駿河国正税帳にみえる郡散事

国郡	人名	運んだ文書など
遠江国磐田郡散事	大湯坐部小国	官符２度，省符11度
	矢田部猪手	官符１度，省符10度
	敢石部角足	官符３度，省符６度
	物部石山	官符２度，省符３度
	生部牛麻呂	省符６度
	税部古麻呂	省符６度
	小長谷部足国	省符６度
	小長谷部国足	官符２度（足国と同人か）
	肥人部広麻呂	官符１度
	磯部飯足	官符１度
	小長谷部善麻呂	官符１度
遠江国佐益郡散事	丈部塩麻呂	省符５度
駿河国安倍郡散事	横田臣大宅	官符２度，省符10度
	丈部牛麻呂	官符２度，省符４度
	常臣子赤麻呂	官符５度
	半布臣足嶋	省符４度
	丈部多麻呂	省符４度
	半布臣石麻呂	省符４度
	伊奈利臣千麻呂	官符２度
	伊奈利臣牛麻呂	省符１度（千麻呂と同人か）
	半布臣子石足	官符２度
	日下部若槌	省符２度
	半布臣虫麻呂	省符１度
駿河国有度郡散事	他田舎人広庭	省符ヵ４度
	河辺臣足人	省符ヵ２度
	他田舎人益国	省符ヵ２度
甲斐国山梨郡散事	小長谷部麻佐	進上御馬部領使１度
	小長谷部練麻呂	（不詳）部領使１度
相模国余綾郡散事	丸子部大国	進上橘子部領使御贄１度

国正税帳では官人の身分を持つ者は、官職を肩書きとして記載しているが、郡散事は官人としての身分がないので、某郡出身の雑用者として、某郡散事と記されたのだろう。遠江国や駿河国では文書を逓送する使者に見られるだけだが、相模《さがみ》国からは贄としての橘の実を運ぶ使い、甲斐《かい》国からは都へ進上する馬を運ぶ使いも郡散事が担当している。前に掲げた神亀元年格で「臨時の労働徴発」とされた人々に該当するので、食料が支給されたのである。駿河・遠江の文書逓送にあたった郡散事は一度につき三日分の食料が正税から支給された。

郡散事のなかで、遠江の大湯坐部《おおゆえべ》小国や矢田部《やたべ》猪手、駿河の横田《よこた》臣大宅は、十回以上も使者を務めているので、恒常的に国府に勤務していたものと思われる。使いに出る時以外は書生などとして文書清書などの事務にあたっていたのだろう。遠江では磐田《いわた》郡、駿河国では安倍《あべ》郡の散事が多く、この両郡はいずれも国府の所在する郡である。中央からの命令書の伝達であるから、いつ来るかは事前に予測できず、また迅速に隣国に送らなければならない。国府に国書生などが多数常住していれば、その人々が使者となったのだろうが、天平十年頃は、まだ国府の形成期で十分に人材が集っていない段階であった。そのため国府の近辺で使者となる人物を求めたのだろう。

仕丁らを護送する人

また、正税帳以外の史料だが、天平宝字五年（七六一）十二月二十三日の甲斐国司解では、逃亡した仕丁《しちょう》の代わりに巨麻《こま》郡栗原郷の漢人部《あやひとべ》千代を送るため、都留《つる》郡散仕の矢作部《やはぎべ》宮麻呂を使いとして同行させている（四巻五二三頁）。仕丁は五〇戸から二人ずつ選ばれて都に送られて、中央官司の雑役に従う力役で、苛酷な労働のため逃亡する者も多かった。漢人部千代も逃亡した仕丁の代わりに同じ郷から徴発されたもので、逃げ出したくなるような立場である。それに同行する郡散仕は、付き添いというより、護送の役割である。所属する郡も異なるので、仕丁本人とのつながりでなく、国司から命じられての職務であろう。駿河国正税帳では、防人《さきもり》や俘囚《ふしゅう》の部領《ぶりょう》（護送）には正員の国司や軍団の軍毅があたっている例が見られるが、都留郡散仕は同じような職務を担っているのである。

天平六年の出雲国計会帳では、逃亡した雇民や仕丁の交代要員を送る部領に、意宇《おう》郡人語部《かたりべ》広麻呂、楯縫《たてぬい》郡人物部大山、神門《かんど》郡人神門臣浪理、秋鹿《あいか》郡人日下部《くさかべ》味麻、大原《おおはら》郡人日置《へき》首剣（二度）、秋鹿郡人額田部《ぬかたべ》首真咋などがあたっている。これらの部領使は、仕丁らを進上する旨の出雲国司解を携行したので、計会帳に記録されたのである。出雲国計会帳では、郡散事（仕）の語句は用いずに単に某郡人と表記しているが、その役割は甲斐国の都留郡散仕と同様である。

なかでも、秋鹿郡人日下部味麻は雇民や仕丁の二六人、楯縫郡人物部大山は雇民一三人をそれぞれ護送している。いずれも逃亡した雇民・仕丁の代わりであり、新たに送られる人々も途中で逃げ出す恐れがある。それらの人々を多数まとめて護送するには、かなりの権力を付与されていたはずで、また補助のために配下の者を従えた可能性も高い。出雲国では、本来正員の国司や軍毅が行うべき業務を、これらの人々に託したのである。神門郡人神門臣浪理は、神門郡大領に神門臣があり（『出雲国風土記』）、郡司の譜第氏族の一員と考えられ、ほかの人も、それなりの権力を持つ有力層の人と考えられる。国司が、国務のために郡司以外の在地の有力者を組織することは、八世紀前半にすでに始まっているのである。

国司に随行する人

天平九年と十年の駿河国正税帳では、朝集雑掌《ちょうしゅうざっしょう》に食稲が支出されている。天平九年十一月一日から天平十年四月二十九日までの雑掌は半布《はにう》臣島守・蘆原《あしはら》君足磯の二名で、天平十年十一月一日からは半布臣島守・日下部今子の二名である。朝集使は、諸国から国司以下の勤務評定をはじめ政務の報告を行うもので、諸国から都に送られる四度使（朝集使・大帳使・貢調使・正税帳使）の中で最も重要なものとされていた。

雑掌はそれに随行して雑用にあたる人々で、官人以外から採られた。前に挙げた神亀元年格で朝集使が国に至るまでの費用を正税から出すこととされていたので、都の滞在中から帰国するまでの半年分の食料が正税から支給されたのである。

駿河国正税帳では、朝集雑掌に支給される食稲は一人一日につき三把で、一七七日間で合計五一束余りである。帰国後にまとめて支給されたのだろうが、一段の田からの収穫（五〇束）と同じ程度にすぎず、冬から春の農閑期の副業であったとしても、あまり高額とはいえない。四月には稲作は始まっていたはずで、朝集雑掌は自分の田地の耕作からは離れていたのだろう。半布臣島守は二年続けて朝集雑掌となっており、朝集使に随行した残りの半年は、国書生や郡散事として国務に従事していたのではないだろうか。

相模国の郡司代

このような朝集雑掌について、相模国の場合で参考になる事例がある。

相模国は平城京の左京八条三坊の東市《ひがしいち》に近くに一町の調邸《ちょうてい》を持っていた。租税の調は、品目などが政府から指定されているが、相模から都まで運ぶには、指定された品目が重かったり、大きかったりして輸送に不便である場合に、他の軽量の物品で運んで、都の周辺で指定の物品に交換して納めた。その交易のために置かれていた拠点が調邸である。

相模国では、天平七年の相模国封戸租交易帳という文書が残っており、封戸の本主に送る租の稲として、合計三万束以上の稲を送ることを記している（一巻六三五頁）。これを稲のまま送ったとすると膨大な分量となり、重量も重い。この文書の継目裏書に「封戸租交易帳」とあり、稲ではなく他の物品で送って、平城京の周辺で交易して稲に代えたものと考えられている。このような交易にも調邸が関わったのであり、東市に近接して置かれたのは、交易のためである。相模国の平城京での出張所であり、交易以外にもさまざまに利用されていたのだろう。

この相模国調邸を造東大寺司《ぞうとうだいじし》が欲しがった。そこで相模国司は管内の八郡の郡司らに意見を聞いた上で、調邸を造東大寺司に売ることにした。この間に紆余曲折があったが、天平勝宝八歳（七五五）二月六日付けの相模国朝集使解という文書で、銭六〇貫文で売却することを造東大寺司に伝えた（四巻一一四頁）。この相模国朝集使解に署名しているのは、左の人々である。

雑掌　足上《あしからかみ》郡主帳《しゅちょう》代《だい》丈部《はせつかべ》人上

鎌倉《かまくら》郡司《ぐんじ》代《だい》外従八位上勲十等君子《きみこ》伊勢万呂

御浦《みうら》郡司代大田部《おおたべ》直国成

国司史生正八位下茨田連薩毛智

国司として署名する史生の茨田連薩毛智が朝集使である。雑掌として最初に署名する丈部人上は前年十一月の文書では調雑掌として書かれており（四巻八三頁）、貢調使の雑掌として上京していた人である。残りの君子伊勢万呂と大田部直国成の二人が朝集雑掌である。彼らが肩書としている主帳代や郡司代は正式な官職ではない。朝集雑掌や貢調雑掌には郡司本人があたるわけではないので、普通は雑掌が郡司の代理という肩書きを称する必要はなかった。しかし、この朝集使解は造東大寺司宛で、造東大寺司に対しては郡司の代理であることを称することに意味があったのだろう。

相模国司は調邸を売るにあたって、郡司らの意見を聞いていた。調邸は相模国のものであるが、実際にそこを利用したのは調雑掌や輸送に携わる綱丁など、現地採用された人々であった。造東大寺司としては、売買をめぐってのちにトラブルが起きるのを防ぐためには、いずれ数年で転任してしまう国司の署名だけでは不足で、また雑掌という国司の随員としての肩書きでは不十分であった。相模国の地元を代表して売買を承認していることを示すため、郡司の代理としての郡司代や主帳代という肩書きを用いたのだろう。調・庸などの輸納の責任者は国司であるが、実際にそれを取り仕切ったのは雑掌や綱丁などのような国司のもとで編成された職員であったのである。

また、雑掌の中で鎌倉郡司代の君子伊勢万呂は外従八位上の位階を持っている。この位階は伊勢麻呂が、もとは郡司もしくは軍団軍毅であって、それによって得た位階である可能性が高い。郡司などを退任した後にも、雑掌として国務に従事していたのである。国司は、郡司クラスの人々も雑掌として国府の下級職員・雑務職員として組織していたのである。雑掌に限らず、郡散事や国書生も同様に郡司クラスの人々が少なくなかったと思われる。

国府で働く人々

ここまで国書生・郡散事・雑掌について見てきたが、そのほかにも、調・庸を運ぶ運脚《うんきゃく》を統率した綱丁や、国司に雑用係として付く事力《じりき》など、国府や国司の下で働く人々は多かった。前に郡雑任のところで取り上げた弘仁十三年太政官符では、国ごとに食料を支給すべき人数を定めた徭丁《ようてい》として、四度使《しどし》雑掌廝丁《しちょう》、大帳税帳所書手、造国料紙丁、造筆丁、造墨丁、装潢《そうこう》丁、造函并札丁、造年料器仗長、同丁、国駆使、採黒葛丁、事力の廝丁が挙げられている。

文書行政を反映して、紙・筆・墨を造る人々や、文書を巻物に仕立てる装潢、文書函や木簡を造る人など、文書に関係する人々が不可欠であったことがわかる。国書生が八世紀の早い時期から必要だったのと同じく、これらも早くから必要だったはずである。

また年料の器仗を造る長と丁は、物品を製作する工房で働く人であり、紙・筆・墨を造るのも、一種の工房である。国府の近辺には、さまざまな工房があり、鍛冶《かじ》工房などは遺跡で確認される場合もある。近年、全国で漆紙文書《うるしがみもんじょ》が遺跡から出土することが多くなっている。漆紙文書は、漆を使う工房で漆の容器の蓋紙として反故《ほご》文書が使われて、その漆

表5　国の下級職員・徭丁（弘仁13年太政官符による）

四度使雑掌廝丁（雑掌の食料係）	朝集使４人，その他各２人
大帳税帳所書手（文書の清書）	大国18人，上国16人，中国14人，下国12人
造国料紙丁（紙漉き）	大国60人，上国50人，中国40人，下国30人
造筆丁（筆造り）	国別２人
造墨手（墨造り）	国別１人
装潢丁（文書等の成巻）	大国６人，上国５人，中国４人，下国３人
造函幷札丁（函・札造り）	大国６人，上国５人，中国４人，下国３人
造年料器仗長（器具造りの監督）	国別１人
造年料器仗丁（句具造り）	大国120人，上国90人 中国60人，下国30人
国駆使（雑用）	大国320人，上国260人 中国200人，下国150人
事力廝丁（事力の食料係）	事力１人に４人

が染みこんだ紙が地中でも残ったため、遺跡から出土するのである。漆製品はいわば高級品であり、国府に付属する工房で造られることが多かった。茨城県の鹿《か》の子《こ》C遺跡は武器などを製作した工房の遺跡と推定されるが、漆紙文書が多量に出土したことでも知られている。

このように国府周辺では、さまざまな物品の製作が行われていた。平城京の周辺や石山寺《いしやまでら》造営の時期の近江《おうみ》国などに比べれば規模は小さいが、工人や工房で働く人々の需要は、国府周辺でほぼ恒常的にあったのであり、国府周辺には国府で働くことで生活する人々が増えていったと考えられる。

前に見たように駿河国正税帳では朝集雑掌は、一日あたり三把の稲が食稲として支給されていた。郡散事が使いに出た時の食料支給は一日に四把である。郡散事の方が少し多いのは、散事の文書逓送は隣国までの移動という肉体労働をともなうからである。国書生については支給量は不明だが、肉体労働ではないので、雑掌と同じく三把であろう。一日三把として、一年間ほぼ毎日のように勤務したとしても一〇〇束程度で、口分田である二段の収穫と同じ程度であった。意外に少ないような気もするが、国務に関わることで公的な給付以外に余得があったのかもしれない。

あまり多くない報酬であっても、国府で働くことによって生活できれば、自分の口分田《くぶんでん》は家族に委ねることができ、その収穫分だけ余裕もできることになる。都で働く雇工や雇夫の場合と同様である。国府の周辺では国府での仕事によって生活を成り立たせる人々が多く出ていたのだろう。また国府での仕事を通じて、国司との結びつきもできることもある。郡司などの支配から自立する要因ともなったのであるが、そのような動きは国府周辺の地域からおこってきたのだろう。

このような国司のもとで働く人々は、国の公的な仕事をしていただけではない。国司は私的な活動もしていて、それに関与した人々もある。私的な経済活動を活発に行った国司として、越前国史生であった安都雄足《あとおたり》のケースを紹介しよう。

国史生安都雄足の私経営

安都雄足の私田

正倉院文書の中で、石山寺造営の時期の帳簿の紙背文書《しはいもんじょ》には、造東大寺司や写経所に直接に関わらない文書が多く残されている。前に取り上げた他田《おさだ》日奉部《ひまつりべの》神護解《じんごげ》もその一例で、そこでも述べたように造石山寺所別当で造東大寺司主典《さかん》であった安都宿禰雄足に関係する文書が多い。宛先が書かれていない文書でも、安都雄足に宛てたと考えると理解しやすい文書が多いのである。その中には越前《えちぜん》国に関するものもあり、それらは従来は東大寺領庄園に関するものと考えられていたが、吉田孝氏や小口雅史氏らによって、東大寺領庄園ではなく、安都雄足の私経営に関するものであることが明らかにされてきた。

安都雄足は、天平勝宝六年（七五四）頃から天平宝字元年（七五七）頃まで越前国史生であったが、天平宝字二年には造東大寺司主典となって、写経所の責任者となり、天平宝字五年からは石山寺造営の担当者ともなった。造東大寺司主典以後の経歴は知られず、正倉院文書にしか現れない下級官人であるが、多彩な活動をしていたことが知られ、古代史研究者の間では著名な人物である。

安都雄足の私田を示す文書として、天平宝字三年五月十日の道守《ちもりの》徳太理《とくたり》啓がある。啓とは、本来は皇太子や皇后に対して差し出す文書の様式だが、目上の人に宛てて出す私文書にもしばしば使われた。現在も手紙を書く時に拝啓、謹啓や敬具などとして使われている。それはともかく、道守徳太理啓の内容は以下のようなものである（四巻三六五頁）。

仰せ遣わされた四条のことについて申し上げます。

一つ。「（雄足の）田の中に大溝を通させたことについて」です。去る三月に掾大夫（越前国司の掾）がこの土地に来た時に、道守床足（徳太理）と（秦）広人が同行しました。掾が広人を召して「佐官《さかん》（造東大寺司主典の安都雄足）の田には三・四年ほど経た樋がある。新しく造る溝からこの樋に水を通せば、収穫が増えるだろう」と仰いました。秦広人が「佐官が『この溝ではなく、北の畔に溝を通せ』と言っていますので、北に溝を造ってほしい」と申しましたところ、掾は「北方は地勢が高いので溝には適さない。佐官の田に溝を通せば、悪田となっている九段が好田となる。それなのに、あれこれ言うのは何事か」と仰います。そこで、道守床足が「好田が九段増えるでしょう」と言い、秦広人と掾と共に同意して酒を三杯酌み交わして別れました。最近に人を遣わして調べたところ、宅にとって損はありませんでした。

一つ。稲のこと、上下の産業所のことについては、(生江)息嶋と道守床足らが共に協議して、荒らさないよう耕作させます。但し、地勢が低いので水害の恐れがあります。(下略)

この文書には宛先が記されていないが、文中の第一条は佐官の田に通した溝のことで、佐官の言い分と異なった事情を説明しているので、佐官が宛先であると考えねばならない。佐官は、官司の四等官の主典のことで、主典の訓がサカンであることによる表記である。実際に、天平宝字二年八月十一日の越前国司牒では「越前国司牒　造東大寺安都佐官所」と記されていて(四巻二八七頁)、この安都佐官は安都雄足をさしている。また同じく造石山寺所の帳簿の紙背文書の天平宝字三年五月二十一日の越前国足羽《あすわ》郡書生鳥部《とりべ》連豊名解は「足羽郡書生解　申進上安都宅去年米事」として米七石五斗を安都宅すなわち雄足のもとに送ることを記していて(四巻三六六頁)、五月十日の道守徳太理啓と日付が近いことから、この二つの文書は米とともに同じ使者に託して安都雄足のもとに送られたと考えられる。

安都雄足の配下の人々

道守床足（本文中では床足と書き、署名箇所では徳太理と書いていて、本人自身がいろいろな書き方をしている）は、この文書を出しているので雄足の田を管理していたことがわかる。溝を造ることについて秦広人とも協議しているので、広人も雄足の田地の管理にあたっている。文書の第二条に見える「産業所」の語は東大寺領庄園でも使われていて、そのためこの文書も東大寺領庄園に関するものと考えられてきたのだが、第一条が雄足の私領についてのものであるから、第二条も雄足の経営に関するものと考えるべきである。産業所は東大寺領に限る語と考える必要はない。その管理にあたるのが道守床足と息嶋で、息嶋は生江臣息嶋である。

生江息嶋は、同じ天平宝字三年の四月八日付けの生江臣息嶋解が、造石山寺所の帳簿の紙背文書にあって、稲の収納状況について報告している（四巻三五九頁）。これも安都雄足に宛てたものである。その四月八日の生江臣息嶋解は、「人々所」にある稲が、秦広人の所に三三七〇束余、倭画師《やまとのえし》池守の所に二一一一束であることを記している。合わせて五四八一束で、文書中には利息の稲についても記しているので、出挙による運用もあったようだが、仮に収穫による稲で、一段の収穫が五〇束とすると、一〇町余りからの収穫となる。また「自余の人は未だ進上せず」とも記しているので、ほかにも配下の人々がいて、生江息嶋は道守床足とともに、それらの統括者的な立場にあったようである。一〇町以上の田を安都雄足は足羽郡に持っていたのである。生江息嶋は東大寺領の道守庄の経営にも参画しており、大領生江東人の下で働くとともに、前国司の安都雄足のためにも働いていた。

倭画師池守は、この翌年の天平宝字四年三月二十日の画師池守解があり（四巻四一四頁）、安都雄足に直接に文書を送って稲の未納について連絡している。池守は安都雄足の経営に関する史料に現れるだけで、その経歴などは不明だが、倭画師という氏族の本拠地は大和であり、ほかに越前での分布は知られないので、安都雄足との関係によって雄足のもとから越前に送り込まれた人物であった可能性が高い。

秦広人については、秦氏が足羽郡にもいるので現地の人間である可能性もある。ただし、前年の天平宝字二年七月十五日には、「田使」として文書を直接に安都雄足に送り、稲五〇束を足羽郡草原三宅（草原郷は道守庄の所在地周辺。雄足の経営拠点の一つがあった）に進上するので、その代金として銭四〇〇文をほしいと請求している（四巻二七五頁）。「田使」の語は、現地採用の人とするより、派遣された人と見るべきだろう。秦広人の名は、天平勝宝年間（七四九～五七）と宝亀年間（七七〇～八一）の東大寺の写経所の写経生に見えている。秦広人という、ありふれた名であるので、同一人物と断定はできないが、写経生としての活動が天平宝字年間に見られないことから、広人も安都雄足によって越前に送られて、その経営に加わり、のちに再び写経所勤務に戻ったと見てよさそうである。

雄足は都から送った人と現地の人を組み合わせて、自領の経営を行わせたのだろう。それは、東大寺領の桑原庄で、東大寺が田使の曽禰乙麻呂を送り、現地の生江東人と国史生安都雄足と共同して経営を行わせようとしたのと同じ方式である。また先に挙げた生江臣息嶋解では、秦広人の所で板屋一棟、碓二要、樋一隻を購入したことを記していて、経営の拠点を作ったことがうかがえる。

さまざまな私交易

造石山寺所の帳簿の紙背文書には、天平宝字三年五月の時期に、五月十日の道守徳太理啓や五月二十一日の越前国足羽郡書生鳥部連豊名解と前後して、越前国からの文書として五月九日の越前国坂井郡司解（四巻三六四頁）と五月十三日の少領生江臣国立解（四巻三六六頁）とがある。どちらも宛先は書かれていないが、安都雄足に送られた文書で、まとめて越前国から雄足のもとに送られたのだろう。坂井郡司解は、稲八〇〇束について、絁一三匹を購入して八月末までに送ることを伝えたもので、大領の品治部《ほんちべ》広耳と税長中村男村が署名している。「坂井郡司解」と書いているが、郡司の公的な業務というよりは、大領品治部広耳と安都雄足の個人的な関係で出された私信と見られ、税長の中村男村も大領とともに安都雄足と結びついていたのだろう。

少領生江臣国立解は稲一〇〇〇束を糸に交易して送ることを書いている。この文書は、少領生江臣国立一名が署名しているだけで、これも公的なものでなく、国立と雄足の個人的な関係による稲だろう。なお、この文書は『大日本古文書』では文書名を「越前国足羽郡少領生江臣国立解」としている。少領の氏姓が生江臣であることから足羽郡と推定したのだろうが、これは誤りであろう。文面に足羽郡とは書かれておらず、足羽郡ではこの前後の時期の天平宝字元年と天平神護二年に生江臣東人が大領であった。生江臣国立が足羽郡の少領だとすると、足羽郡では大領と少領がともに生江臣氏であったことになってしまう。三等親より離れていれば、あり得ないことではないが、天平神護二年に足羽郡少領は阿須波束麻呂であり、郡名を氏族名とする阿須波臣を差し置いて生江臣氏が大領・少領を独占したとは考えにくい。生江臣氏からは天平三年（七三一）に大野郡大領、少し時期は離れるが貞観八年（八六六）に今立郡の大領が出ている。このように生江臣氏の勢力範囲は足羽郡に限らないので、少領生江臣国立は足羽郡ではなく、他の郡の少領であった可能性が高い。安都雄足は国史生としての活動の中で私的な経営を築いていったのだから、越前国内の、いくつもの郡に拠点を持っていておかしくない。

そして、特に足羽郡では東大寺との関係もあって結びつきも深く、五月二十一日の越前国足羽郡書生鳥部連豊名解のように、稲穀の輸送について郡書生のような郡雑任が郡司を通さずに直接に雄足に連絡している。生江息嶋も大領生江東人のもとで道守庄の経営に携わっていて郡雑任的な立場であるが、安都雄足の配下ともなっていた。また坂井郡の税長中村男村も郡雑任であるとともに雄足のための活動もしている。安都雄足は、足羽郡や坂井郡では、郡司だけでなく郡雑任層の人々も配下に入れて自領の経営に組み込み、国司を退任した後もその関係を続けていたのである。

　前に取り上げた新潟県下《しも》ノ《の》西《にし》遺跡の木簡で、「殿門上税」として郡司のもとで出挙を行った税長が、同時に「掾大夫借貸」として国司の掾の稲の運用にもあたっていた。郡雑任が国司とも結びつくことは、おそらく全国各地であったことだろう。郡雑任層の人々からすれば、郡司に従属するだけでなく、国司として赴任してきた中央官人とも結びついたことになり、それは郡司から自立した独自の経営を行う端緒ともなった。

郡司制度の変質

主政・主帳の地位向上

国司・郡司による行政が進展し、国府や郡家で多くの人々が働く中で、郡司のあり方にも変化が出てきた。八世紀後半には、郡司について、いくつかの制度的な変更が行われた。その重要な一つは、主政と主帳にも就任とともに位階が与えられるようになったことである。前にも説明したように、大領と少領は就任すると大領は外従八位上、少領は外従八位下の位階が与えられたが、主政・主帳にはそのような就任時の位階授与はなく、それが大領・少領と主政・主帳との大きな違いであった。ところが、天平神護三年（神護景雲元〈七六七〉）五月二十一日の勅で、主政・主帳は就任した時に位一級を与えることとされた（『類聚三代格』）。既に位階を持っている場合は一階昇進し、無位であれば外《げ》少《しょう》初《そ》位《い》下《げ》の位階が与えられることになる。大領・少領の外八位に対して、外少初位下という最下級の位階で格差は残るが、位階を得るようになった点で、この変更は大きな意味があり、格差が縮まったのである。

初位でも位階があれば、それによって雑徭免除の権利が得られる。このような特典を与えることにしたのは、主政・主帳が激務のわりに利益が少なく、就任を望むものが多くなかったことが考えられる。主政・主帳には給与として職分田《しきぶんでん》二町が与えられていたが、有力農民であれば二町程度の墾田を持つことも珍しくはない。あえて主政・主帳の地位につくことのメリットが少なくなっていたのである。大領・少領に次ぐような有力農民・小豪族を郡の行政に組み込むことが、政府や国司にとって必要であった。そこで、政府は位階を餌にして、行政上に不可欠な主政・主帳を確保することにしたのである。

しかし、主政・主帳が就任とともに外少初位下の位階を得て、しかもその職務に魅力が乏しいとすれば、その地位に留まる者は少ないだろう。大領・少領だけでなく主政・主帳も一族などの間でたらい回しされ、任じられても程なくして退任する者が多くなっていった。その結果、郡司退任による散位が増えていくことになる。また中央の下級官人でも位階を得た後に郷里に帰る者も増え、中には舎人などの官職を帯びたまま帰った者もいる。地方に居住する有位者の数が増加していくことになる。初位は雑徭免除だが、八位以上は庸・調も免除されるので、租税負担者の数が減少することになる。そのため九世紀には、それら下級官人の身分の者を国の雑務に使うべきことが、たびたび命じられている。

擬任郡司

九世紀になると、擬任郡司《ぎにんぐんじ》という非正規の郡司が増加していったことも大きな変化であった。郡司の任命にあたっては、国司が候補者を選定し（国擬《こくぎ》）、候補者が都に赴いて式部省の選考試験（式部試練《しれん》）を経て正式に任命される。国擬で候補者となってから、正式に任命されるまでの間が擬任である。郡司四等官のそれぞれについて、擬大領・擬少領・擬主政・擬主帳と擬の字を付して呼ばれて、八世紀から存在するが、九世紀になると数が大幅に増加したのである。

郡司の選考方法は、特に大領・少領について、八世紀にしばしば法令が出され、譜第を重視したり、候補者を複数選んで式部省に送るようにしたりするなど、種々変更された。それらは、郡司の選定にあたって国司だけに委ねずに、中央政府が選考を主導しようとする意図の現れであった。一方で、中央政府が主導すると、中央官人となって京にいる人が譜第の家であることと官人としての経験を主張して、国司が推薦した人を抑えて郡司の地位を得て、郡務がうまくいかなくなる事態も生じていた。そこで弘仁三年（八一二）八月五日の太政官符では、中央官人を郡司の選考に加えることをやめて、国司の選定にまかせることにして、もし不適任者を任じた場合は、推薦した国司を解任することを命じた（『類聚三代格』）。中央政府が郡司の選考を主導することを放棄して、もっぱら国司の判断に委ねることとしたのである。

さらに弘仁十三年には、選定に先立って三年間の試用期間（初擬《しょぎ》）を設けることとした（『類聚三代格』）。ここでは、不適任者を選ぶことで国司が責任を負うという事態を防ぐことが理由に挙げられていて、国司らの要望があったことがうかがえる。郡司への就任を希望する人々は、国司の下で試用期間を過ごすことになる。三年間という期間を設定しているが、そのような期限は往々にして無視される。また試用期間であるから、不適任という判断を下して、お払い箱にすることもできる。郡司を希望する人々は、国司の顔色をうかがうことになり、国司の統制力が強化されることになった。

また、擬任郡司の期間が長期化して、擬任郡司がほぼ恒常的に置かれるようにもなった。正員の郡司がいても、同時にそれぞれに対応する擬任郡司も併存するようになっていった。本書の最初に紹介した嘉祥二年（八四九）の加賀国加賀郡のお触れ書き木簡では、正員の大領・少領・主政に加えて、擬大領・擬少領・擬主帳・副擬主帳もいた。擬主帳と副擬主帳があるように、郡司のそれぞれについて複数の擬任郡司が存在することもあった。擬任郡司の増加は、組織としての郡司の構成員の増加であったが、実質的には郡雑任であった人々の一部が擬任郡司となったのであるから、大領・少領をはじめとする個々の郡司の支配力の低下にもつながった。

国司の郡司層に対する統制力が強まると、郡司の地位はますます魅力のあるものではなくなっていくことになる。とりわけ畿内では、その傾向が強かった。畿内では中央の貴族などと結びつく人々も増え、郡司の支配が及ばないような事態もあった。また、長岡京や平安京の造営などで役夫の必要が多くなり、役夫を調達するために郡司の業務も増大した。

郡司就任を忌避する豪族

八世紀末に畿内では、郡司の職務が繁忙であるのに位階が外位であって低い扱いであるため、郡司への就任を辞退する者が多くなって郡務に支障を来すようになっていたので、延暦十八年（七九九）四月に畿内の郡司には内位を与えることにした（『日本後紀《にほんこうき》』）。これによって畿内でも郡司就任希望者は増加したが、今度は就任して位階を得るとすぐに病気と偽って退任する者が多くなった。病気というやむを得ない理由で退任した場合は位階は残るので、位階を目当てに就任しようとする者が多かったのである。これに苦慮した政府は弘仁八年（八一七）正月に、病気と偽る郡司は解任して位階も剝奪することとした（『類聚三代格』）。しかし仮病は昔も今も見分けることは難しい。あるいは仮病ではなく、親族が死亡して喪に服すという理由で退任する者もあった。位階まで剝奪する解任はなかなかできなかったようだ。また病気と称して退任した後に、病気が癒えたとして位階に応じた中央官人の職に就く者が多くなった。そこで天長二年（八二五）閏七月には、病気が癒えた者は中央官人に任命せず、郡司に戻すよう命じている（『類聚三代格』）。

郡司の地位や職務に魅力がなくなっていたのであるから、これらの対応はイタチごっこで、有効な解決策にはならなかった。そのため畿内では、郡司を確保することよりも国司のもとで、有位者を含めてさまざまな人々を国務に従事させる方策を採るようになっていった。

このような郡司の任務放棄は畿内で顕著で、他の地方での状況は明らかでない。九世紀後半には、さまざまな地域で、王臣貴族などと結んで国司の徴税に抵抗する有力農民が多くなったことがあって、そのための対策の法令がしばしば出されている。郡司やその一族が中央貴族と結びつくことは、他田日奉部神護のケースのように八世紀前半からあったが、郡司より下のクラスでも中央貴族との結びつきが広まったのである。九世紀には擬任郡司が増加して、個々の郡司の支配力は低下していったが、それと対応するように国司が国書生など国内の有力者を編成していくことが進展した。郡雑任として郡司のもとに組織されていた中小豪族などが、国司のもとに編成されていったのである。その変化は緩やかに進んだのだろうが、国司のもとに編成される中小豪族は、それぞれの国では国府周辺から次第に拡大していったと考えられる。また郡雑任であったような中小豪族からすれば、郡司とのつながりだけでなく、中央貴族と結んだり、国司と結んだりという選択肢がふえたのである。国司との結びつきは現職の国司だけでなく、過去の国司との結びつきもある。中小豪族たちは、さまざまな関係を持ちながら、随時立場を使い分けたのだろう。

それまで郡雑任として郡司の支配を支えていた中小豪族が、郡司から離れていったことが、郡司の支配力の低下となったのであり、また郡司の力が弱まったからこそ中小豪族を郡雑任などとして十分に組織できなくなったともいえる。それでも、中小豪族が国書生などとして、国司のもとで編成されれば、中央政府にとって行政に大きな支障はない。国司のもとでの国書生など下級職員の編成強化は、中央政府の主導ではなく、それぞれの国で独自に行われたので、国によってその展開は異なった。また中央貴族との結びつきも地域によって差があった。九世紀から一〇世紀にかけての諸国では、さまざまな地域差をもって展開することになったのである。

村のなかの律令制——エピローグ

軍事と造作

延暦二十四年（八〇五）十二月、桓武天皇は藤原緒嗣《おつぐ》と菅野真道《すがののまみち》に天下の徳政について議論させた。緒嗣は「いま天下の苦しむのは軍事と造作である」として軍事と造作を停止すべきであると主張し、真道はこれに反駁した。いわゆる徳政論争である。ここでの軍事とは長引く蝦夷《えみし》との戦争であり、造作とは長岡京・平安京と続いた新しい都の造営である。天皇は緒嗣の意見を取り入れて、蝦夷との戦争と平安京の造営を縮小することを命じた。八世紀末から九世紀初めにかけて、軍事と造作は国家財政への負担が大きく、民衆の生活にも大きな影響を与えた。それらに関連して政治改革も行われて、律令制による国家の一つの転換期であった。

軍事と造作は七世紀後半の律令制の形成期にも重要なことであった。七世紀後半の軍事とは朝鮮半島の戦争状況に対処することであり、造作とは転々と都を遷したことによる造営事業である。七世紀後半には、難波《なにわ》→飛鳥《あすか》→近江《おうみ》大津→飛鳥→藤原京と都を遷し、八世紀に入って七一〇年に平城京へ遷都されて、都はようやく落ち着くようになった。難波宮は瀬戸内海を通って朝鮮半島へ出て行くための攻撃的な態勢をとるためであったし、大津宮は白村江の敗戦後の唐・新羅《しらぎ》の侵攻に備えて防御を固めるためであったと考えられる。七世紀後半の造都と軍事は密接に関わっていたのである。

　七世紀後半の遷都による都の造営には多くの労働力を必要としたが、造都のために多くの人々を集めることは、戦争の時に兵士として民衆を動員できるようにすることにもつながっている。多くの人夫や兵士を集めるためには、食料などの物資も集める必要がある。そのために取り入れられたのが、評造《こおりのみやつこ》・郡司《ぐんじ》や国司《こくし》の制度であったが、評造・郡司は、それ以前の国造・伴造《とものみやつこ》・県稲置《あがたのいなき》などを再編成したものであり、繰り返し述べたように地方豪族としての支配力が維持されていた。したがって、村々のレベルで大きな変化があって国司や郡司の制度が取り入れられたわけではない。それでも、律令制が導入されたことによって、それまで地方豪族のもとに集められていた人夫や物資の中から中央政府に送られるものが多くなっていった。

　また、律令による新たな負担もあった。京の警備にあたる衛士が全国から集められるようになり、九州の防備のために防人が送られるようになった。八世紀には防人は、おもに東国の兵士が送られていた。東国の人々が武力に優れていたことが、東国から防人を送った理由のようだが、東国の人々に対して日本という国が新羅や唐に対峙する国家であることを認識させる効果を狙った面もあったと思われる。東北地方の陸奥《むつ》・出羽《でわ》国では、その支配を広げ、服属した蝦夷を俘囚として全国各地に移住させることも行った。これは西国の人々に対して、東北地方では蝦夷の土地と接していることを知らしめることであった。

しかし、東国から九州地方まで防人を送ることは、防人の負担が大きく、経費もかかる。そこで八世紀後半には東国からの防人派遣は停止され、おもに九州の兵士をあてるようになった。八世紀後半には、軍事の中心は東北地方の蝦夷との戦争にうつっていった。蝦夷との戦争のための兵士や、武器・食料などはおもに坂東《ばんどう》諸国の負担であった。陸奥での戦争に対するには、その近くの坂東諸国から提供させるのが効率的であったためである。長岡京や平安京の造営には畿内やその周辺の諸国から人夫が出された。七世紀後半の軍事と造作は強力な中央集権体制を築かせることになったが、八世紀後半から九世紀初めの軍事と造作は、日本列島内の畿内周辺・東国・西国などの諸地域に地域差をもたらすことになったのである。

郡司の制度は旧来からの地方豪族の支配を温存しながら、それより下位の豪族も主政・主帳として郡司の組織に組み込んでいった。郡司の支配は、郡雑任として活動するような中小豪族にも支えられていた。

地域の中心となる国府

それに対して、国司の制度は新たに取り入れられたものであった。国司が都から赴任し、国が租税の徴収と貢納をはじめとする地方行政の単位となった。律令国家の中央集権的な性格をもっともよく示すのが国司の制度である。地方豪族は、それまでみずから都まで貢納していたのが、さしあたり国府まで運べばよいことになった。都と国府の間を往還するのは、国司とそれに組織された人々となり、国府が各地の行政の拠点としての機能を強めていった。

国府が国の中心としての役割を強めるのにともない、郡司の支配を支えていた中小豪族もしだいに国司の配下として組織されていくようになって、郡司の支配力を低下させることになった。国司はそれぞれ四年程度で交替したが、八・九世紀を通じて国府の行政の拠点としての機能は維持、強化されていた。国府の機能が強化されたのは、国司たちというよりも、そこに集まる国書生などの中小豪族によってである。国府は国内の諸勢力が集まる政治都市となり、物資が集中する経済の中心地ともなっていったのである。

国司が中小豪族を国書生などとして組織すること自体は八世紀の早い時期から行われて

いたが、しだいにそれが拡大していったのである。律令制による地方行政を支えていたのは、国司や郡司といった律令に規定された正規の官人だけでなく、郡司とならなかったような中小豪族たちでもあった。それら中小豪族の動向が、それぞれの国司や郡司の政治的な関係にも関わっていたのである。そして、国司で退任後も土着するという動きも加わり、諸国ではさまざまに政治的な展開をしていった。一〇世紀の平将門の乱や藤原純友の乱のような内乱も、地域の中小豪族などの諸勢力を巻き込んだものであった。

あとがき

奈良時代の歴史を、天皇や貴族の動向を中心に見るのではなく、地方社会から眺めてみようというのが、本書の意図である。地方社会について眺めるには、貴族と農民、あるいは都市と農村のように二項対立を軸にするのが一つの方法だろうが、古代の史料として残っているのは、貴族や平城京に関するものがほとんどであって、農民の生活や村々の実態を描くことは容易ではない。しかし貴族と農民の中間には郡司などの地方官人がいる。幸いにも地方官人や地方行政に関しては、少しだが史料もある。地方官人という中間層に焦点を当てることによって、奈良時代がどのような時代であったのかを描いてみようと思ったのである。

奈良時代を特徴づけるのは国司と郡司の地方行政制度である。七世紀以前からの要素を強く持つ郡司と、新たな制度である国司という二重の地方行政システムは、七・八世紀の社会に対応するべく設けられた制度であり、それなりに機能して、律令国家を支えた。ところが国司の制度が浸透し、機能を充実させると、郡司のあり方は変質し、郡司の変質は国司のあり方にも変化をもたらすことになった。制度が機能することによって、その制度みずからを変質させるというパラドックスである。このようなパラドックスはいつの時代にもあることだが、その現れ方には時代の特徴がある。国司・郡司の下で働く郡雑任などの人たちの存在が、国司・郡司を支えつつ、変質させていったのであり、その様相を描くことが本書で目指したことの一つである。その試みが成功したかどうかは、読者の判断に委ねたいが、本書によって少しでも古代の地方官人に関心を持っていただければ幸いである。

私は前に『律令官人制と地域社会』(吉川弘文館、二〇〇八年)を刊行して、中央と地方の下級官人のあり方を追究し、正規の官人以外にも多くの下級職員が存在して重要な役割を持ったことを論じた。本書は、その中の地方の下級官人に関する部分を下敷きにして、ほかにも興味深い事例を加えて新たな構想のもとに書き下ろした。地方の下級官人のあり方は、中央の下級官人のあり方と連動している。中央と地方の連動について、本書では十分に述べることはできなかったが、関心を持たれた方は前著を参照していただきたい。

本書の中でもふれたように、全国各地で地方の役所と思われる遺跡が見つかる事例が増えている。木簡などの文字史料も出土することもある。平城京や飛鳥・藤原京の地域の遺跡のように脚光を浴びることは少ないが、地域の歴史を知る上では貴重な史料が着実に増えている。私が見落としている史料や遺跡も多いと思われ、また今後さらに史料が増えていくことは間違いない。近い将来に本書を書き換えねばならなくなるであろうことに不安と期待を感じている。

本書を執筆するにあたっては、吉川弘文館編集部の長谷川裕美氏にお世話になった。全体の構想に助言をくださり、草稿の段階では、史料を書き並べて論文のような文章を書いてしまう私に、難解で読みにくい部分をいくつも指摘していただいた。また史料から分かることだけ述べるにとどめようと逃げ腰になると、もっと主観を交えて書くように励ましていただいた。何とか書き上げることができたのは長谷川氏のおかげである。また高尾すずこ氏には、文章の調整や図版の選定など、刊行に至るさまざまな点でお世話になった。このお二人の助力がなければ本書はできあがらなかったと思う。深くお礼を申し上げたい。

二〇一四年八月

中村順昭

参考文献

青木和夫『古代豪族』講談社学術文庫、二〇〇七年
石母田正『日本の古代国家』岩波書店、一九七一年
市　大樹『飛鳥の木簡』中公新書、二〇一二年
弥永貞三『奈良時代の貴族と農民』至文堂、一九六六年
大町　健『日本古代の国家と在地首長制』校倉書房、一九八六年
小口雅史編著『日本古代土地経営関係史料集成—東大寺領・北陸編』同成社、一九九九年
鐘江宏之『地下から出土した文字』山川出版社、二〇〇七年
鎌田元一『律令公民制の研究』塙書房、二〇〇一年
亀谷弘明『古代木簡と地域社会の研究』校倉書房、二〇一一年
岸　俊男『日本古代政治史研究』塙書房、一九六六年
鬼頭清明『律令国家と農民』塙書房、一九七九年
鬼頭清明『古代の村』岩波書店、一九八五年
木下　良『国府』教育社歴史新書、一九八八年
小林昌二『日本古代の村落と農民支配』塙書房、二〇〇〇年
坂上康俊『平城京の時代』岩波新書、二〇一一年

坂本太郎『律令制度（坂本太郎著作集第四巻）』吉川弘文館、一九八九年
佐藤　信『出土史料の古代史』東京大学出版会、二〇〇二年
佐藤　信『古代の地方官衙と社会』山川出版社、日本史リブレット、二〇〇七年
条里制・古代都市研究会編『日本古代の郡衙遺跡』雄山閣、二〇〇九年
須原祥二『古代地方制度形成過程の研究』吉川弘文館、二〇一一年
関　和彦『日本古代社会生活史の研究』校倉書房、一九九四年
関　和彦『古代農民忍羽を訪ねて』中公新書、一九九八年
田中広明『地方の豪族と古代の官人』柏書房、二〇〇三年
田中広明『豪族のくらし』すいれん舎、二〇〇八年
中村順昭『律令官人制と地域社会』吉川弘文館、二〇〇八年
野村忠夫『律令官人制の研究』吉川弘文館、一九六七年
野村忠夫『古代貴族と地方豪族』吉川弘文館、一九八九年
平川　南『古代地方木簡の研究』吉川弘文館、二〇〇三年
藤井一二『初期庄園史の研究』塙書房、一九八六年
松原弘宣『古代の地方豪族』吉川弘文館、一九八八年
丸山幸彦『古代東大寺庄園の研究』渓水社、二〇〇一年
森　公章『古代郡司制度の研究』吉川弘文館、二〇〇〇年
森　公章『地方木簡と郡家の機構』同成社、二〇〇九年

森　公章『古代豪族と武士の誕生』吉川弘文館、二〇一三年
山中敏史『古代地方官衙遺跡の研究』塙書房、一九九四年
吉田　晶『日本古代村落史序説』塙書房、一九八〇年
吉田　孝『律令国家と古代の社会』岩波書店、一九八三年
米田雄介『郡司の研究』法政大学出版局、一九七六年
米田雄介『古代国家と地方豪族』教育社歴史新書、一九七九年
渡部育子『郡司制度の成立』吉川弘文館、一九八九年

著者紹介

一九五三年、神奈川県に生れる
一九八二年、東京大学大学院人文科学研究科博士課程中退
文化庁文化財保護部美術工芸課文部技官、文化財調査官などを経て
現在、日本大学文理学部教授、博士(文学)

主要論文・著書

「大伴家持と越前・越中の在地社会」(『万葉古代学研究所年報』五、二〇〇七年)
「刀禰と舎人」(『史叢』七七、二〇〇七年)
『律令官人制と地域社会』(吉川弘文館、二〇〇八年)
「国司制と国府の成立」(『古代文化』六三-四、二〇一二年)

歴史文化ライブラリー
386

地方官人たちの古代史
律令国家を支えた人びと

二〇一四年(平成二十六)十月一日　第一刷発行

著者　中《なか》村《むら》順《より》昭《あき》
発行者　吉川道郎
発行所　株式会社　吉川弘文館
東京都文京区本郷七丁目二番八号
郵便番号一一三―〇〇三三
電話〇三―三八一三―九一五一〈代表〉
振替口座〇〇一〇〇―五―二四四
http://www.yoshikawa-k.co.jp/
印刷＝株式会社 平文社
製本＝ナショナル製本協同組合
装幀＝清水良洋・宮崎萌美

ISBN978-4-642-05786-8

歴史文化ライブラリー

1996.10

刊行のことば

現今の日本および国際社会は、さまざまな面で大変動の時代を迎えておりますが、近づきつつある二十一世紀は人類史の到達点として、物質的な繁栄のみならず文化や自然・社会環境を謳歌できる平和な社会でなければなりません。しかしながら高度成長・技術革新にともなう急激な変貌は「自己本位な刹那主義」の風潮を生みだし、先人が築いてきた歴史や文化に学ぶ余裕もなく、いまだ明るい人類の将来が展望できていないようにも見えます。このような状況を踏まえ、よりよい二十一世紀社会を築くために、人類誕生から現在に至る「人類の遺産・教訓」としてのあらゆる分野の歴史と文化を「歴史文化ライブラリー」として刊行することといたしました。

小社は、安政四年(一八五七)の創業以来、一貫して歴史学を中心とした専門出版社として書籍を刊行しつづけてまいりました。その経験を生かし、学問成果にもとづいた本叢書を刊行し社会的要請に応えて行きたいと考えております。

現代は、マスメディアが発達した高度情報化社会といわれますが、私どもはあくまでも活字を主体とした出版こそ、ものの本質を考える基礎と信じ、本叢書をとおして社会に訴えてまいりたいと思います。これから生まれでる一冊一冊が、それぞれの読者を知的冒険の旅へと誘い、希望に満ちた人類の未来を構築する糧となれば幸いです。

吉川弘文館

歴史文化ライブラリー

古代史

邪馬台国 魏使が歩いた道——丸山雍成
邪馬台国の滅亡 大和王権の征服戦争——若井敏明
日本語の誕生 古代の文字と表記——沖森卓也
日本国号の歴史——小林敏男
古事記の歴史意識——矢嶋 泉
古事記のひみつ 歴史書の成立——三浦佑之
日本神話を語ろう イザナキ・イザナミの物語——中村修也
東アジアの日本書紀 歴史書の誕生——遠藤慶太
〈聖徳太子〉の誕生——大山誠一
聖徳太子と飛鳥仏教——曾根正人
倭国と渡来人 交錯する「内」と「外」——田中史生
大和の豪族と渡来人 葛城・蘇我氏と大伴・物部氏——加藤謙吉
古代豪族と武士の誕生——森 公章
飛鳥の宮と藤原京 よみがえる古代王宮——林部 均
古代出雲——前田晴人
エミシ・エゾからアイヌへ——児島恭子
悲運の遣唐僧 円載の数奇な生涯——佐伯有清
遣唐使の見た中国——古瀬奈津子
古代の皇位継承 天武系皇統は実在したか——遠山美都男
持統女帝と皇位継承——倉本一宏
古代天皇家の婚姻戦略——荒木敏夫
高松塚・キトラ古墳の謎——山本忠尚
壬申の乱を読み解く——早川万年
家族の古代史 恋愛・結婚・子育て——梅村恵子
万葉集と古代史——直木孝次郎
地方官人たちの古代史 律令国家を支えた人びと——中村順昭
古代の都はどうつくられたか 中国・日本・朝鮮・渤海——吉田 歓
平城京に暮らす 天平びとの泣き笑い——馬場 基
すべての道は平城京へ 古代国家の〈支配の道〉——市 大樹
都はなぜ移るのか 遷都の古代史——仁藤敦史
聖武天皇が造った都 難波宮・恭仁宮・紫香楽宮——小笠原好彦
平安朝 女性のライフサイクル——服藤早苗
平安京のニオイ——安田政彦
平安京の災害史 都市の危機と再生——北村優季
天台仏教と平安朝文人——後藤昭雄
藤原摂関家の誕生 平安時代史の扉——米田雄介
安倍晴明 陰陽師たちの平安時代——繁田信一
源氏物語の風景 王朝時代の都の暮らし——朧谷 寿
古代の神社と祭り——三宅和朗
時間の古代史 霊鬼の夜、秩序の昼——三宅和朗

歴史文化ライブラリー

中世史

源氏と坂東武士——野口 実
熊谷直実 中世武士の生き方——高橋 修
鎌倉源氏三代記 一門・重臣と源家将軍——永井 晋
吾妻鏡の謎——奥富敬之
鎌倉北条氏の興亡——奥富敬之
都市鎌倉の中世史 吾妻鏡の舞台と主役たち——秋山哲雄
源 義経——元木泰雄
弓矢と刀剣 中世合戦の実像——近藤好和
騎兵と歩兵の中世史——近藤好和
その後の東国武士団 源平合戦以後——関 幸彦
声と顔の中世史 戦さと訴訟の場景より——蔵持重裕
運 慶 その人と芸術——副島弘道
乳母の力 歴史を支えた女たち——田端泰子
荒ぶるスサノヲ、七変化〈中世神話〉の世界——斎藤英喜
曽我物語の史実と虚構——坂井孝一
日 蓮——中尾 堯
捨聖《すてひじり》一 遍——今井雅晴
神や仏に出会う時 中世びとの信仰と絆——大喜直彦
神風の武士像 蒙古合戦の真実——関 幸彦
鎌倉幕府の滅亡——細川重男
足利尊氏と直義 京の夢、鎌倉の夢——峰岸純夫
東国の南北朝動乱 北畠親房と国人——伊藤喜良
南朝の真実 忠臣という幻想——亀田俊和
中世の巨大地震——矢田俊文
大飢饉、室町社会を襲う！——清水克行
贈答と宴会の中世——盛本昌広
中世の借金事情——井原今朝男
庭園の中世史 足利義政と東山山荘——飛田範夫
土一揆の時代——神田千里
山城国一揆と戦国社会——川岡 勉
一休とは何か——今泉淑夫
中世武士の城——齋藤慎一
武田信玄——平山 優
歴史の旅 武田信玄を歩く——秋山 敬
武田信玄像の謎——藤本正行
戦国大名の危機管理——黒田基樹
戦乱の中の情報伝達 使者がつなぐ中世京都と在地——酒井紀美
戦国時代の足利将軍——山田康弘
戦国を生きた公家の妻たち——後藤みち子
鉄砲と戦国合戦——宇田川武久
検証 長篠合戦——平山 優

歴史文化ライブラリー

よみがえる安土城――木戸雅寿
検証 本能寺の変――谷口克広
加藤清正 朝鮮侵略の実像――北島万次
北政所と淀殿 豊臣家を守ろうとした妻たち――小和田哲男
豊臣秀頼――福田千鶴
偽りの外交使節 室町時代の日朝関係――橋本 雄
朝鮮人のみた中世日本――関 周一
ザビエルの同伴者 アンジロー 戦国時代の国際人――岸野 久
海賊たちの中世――金谷匡人
中世 瀬戸内海の旅人たち――山内 譲

近世史

神君家康の誕生 東照宮と権現様――曽根原 理
江戸の政権交代と武家屋敷――岩本 馨
江戸御留守居役 近世の外交官――笠谷和比古
検証 島原天草一揆――大橋幸泰
隠居大名の江戸暮らし 年中行事と食生活――江後迪子
大名行列を解剖する 江戸の人材派遣――根岸茂夫
江戸大名の本家と分家――野口朋隆
赤穂浪士の実像――谷口眞子
〈甲賀忍者〉の実像――藤田和敏
江戸の武家名鑑 武鑑と出版競争――藤實久美子
武士という身分 城下町萩の大名家臣団――森下 徹
次男坊たちの江戸時代 公家社会の〈厄介者〉――松田敬之
宮中のシェフ、鶴をさばく 江戸時代の朝廷と庖丁道――西村慎太郎
江戸時代の孝行者 「孝義録」の世界――菅野則子
死者のはたらきと江戸時代 遺訓・家訓・辞世――深谷克己
近世の百姓世界――白川部達夫
江戸の寺社めぐり 鎌倉・江ノ島・お伊勢さん――原 淳一郎
宿場の日本史 街道に生きる――宇佐美ミサ子
〈身売り〉の日本史 人身売買から年季奉公へ――下重 清
江戸の捨て子たち その肖像――沢山美果子
歴史人口学で読む江戸日本――浜野 潔
京のオランダ人 阿蘭陀宿海老屋の実態――片桐一男
それでも江戸は鎖国だったのか オランダ宿日本橋長崎屋――片桐一男
江戸の文人サロン 知識人と芸術家たち――揖斐 高
北斎の謎を解く 生活・芸術・信仰――諏訪春雄
江戸と上方 人・モノ・カネ・情報――林 玲子
エトロフ島 つくられた国境――菊池勇夫
災害都市江戸と地下室――小沢詠美子
浅間山大噴火――渡辺尚志
アスファルトの下の江戸 住まいと暮らし――寺島孝一
江戸の流行り病 麻疹騒動はなぜ起こったのか――鈴木則子

歴史文化ライブラリー

歴史文化ライブラリー

軍隊を誘致せよ 陸海軍と都市形成——松下孝昭
家庭料理の近代——江原絢子
お米と食の近代史——大豆生田 稔
失業と救済の近代史——加瀬和俊
選挙違反の歴史 ウラからみた日本の一〇〇年——季武嘉也
東京大学物語 まだ君が若かったころ——中野 実
海外観光旅行の誕生——有山輝雄
関東大震災と戒厳令——松尾章一
モダン都市の誕生 大阪の街・東京の街——橋爪紳也
マンガ誕生 大正デモクラシーからの出発——清水 勲
第二次世界大戦 現代世界への転換点——木畑洋一
激動昭和と浜口雄幸——川田 稔
昭和天皇側近たちの戦争——茶谷誠一
海軍将校たちの太平洋戦争——手嶋泰伸
植民地建築紀行 満洲・朝鮮・台湾を歩く——西澤泰彦
帝国日本と植民地都市——橋谷 弘
稲の大東亜共栄圏 帝国日本の〈緑の革命〉——藤原辰史
地図から消えた島々 幻の日本領と南洋探検家たち——長谷川亮一
日中戦争と汪兆銘《おうちょうめい》——小林英夫
「国民歌」を唱和した時代 昭和の大衆歌謡——戸ノ下達也
モダン・ライフと戦争 スクリーンのなかの女性たち——宜野座菜央見
彫刻と戦争の近代——平瀬礼太
特務機関の謀略 諜報とインパール作戦——山本武利
首都防空網と〈空都〉多摩——鈴木芳行
陸軍登戸研究所と謀略戦 科学者たちの戦争——渡辺賢二
〈いのち〉をめぐる近代史 堕胎から人工妊娠中絶へ——岩田重則
戦争とハンセン病——藤野 豊
日米決戦下の格差と平等 銃後信州の食糧・疎開——板垣邦子
「自由の国」の報道統制 大戦下の日系ジャーナリズム——水野剛也
敵国人抑留 戦時下の外国民間人——小宮まゆみ
銃後の社会史 戦死者と遺族——一ノ瀬俊也
海外戦没者の戦後史 遺骨帰還と慰霊——浜井和史
国民学校 皇国の道——戸田金一
〈近代沖縄〉の知識人 島袋全発の軌跡——屋嘉比 収
沖縄戦 強制された「集団自決」——林 博史
太平洋戦争と歴史学——阿部 猛
スガモプリズン 戦犯たちの平和運動——内海愛子
戦後政治と自衛隊——佐道明広
米軍基地の歴史 世界ネットワークの形成と展開——林 博史
沖縄 占領下を生き抜く 軍用地・通貨・毒ガス——川平成雄
昭和天皇退位論のゆくえ——冨永 望
紙 芝 居 街角のメディア——山本武利

歴史文化ライブラリー

団塊世代の同時代史——天沼　香
闘う女性の20世紀 地域社会と生き方の視点から——伊藤康子
女性史と出会う——総合女性史研究会編
丸山真男の思想史学——板垣哲夫
文化財報道と新聞記者——中村俊介

文化史・誌

楽園の図像 海獣葡萄鏡の誕生——石渡美江
毘沙門天像の誕生 シルクロードの東西文化交流——田辺勝美
世界文化遺産　法隆寺——高田良信
語りかける文化遺産 ピラミッドから安土城・桂離宮まで——神部四郎次
落書きに歴史をよむ——三上喜孝
密教の思想——立川武蔵
霊場の思想——佐藤弘夫
四国遍路 さまざまな祈りの世界——星野英紀・浅川泰宏
跋扈《ばっこ》する怨霊 祟りと鎮魂の日本史——山田雄司
藤原鎌足、時空をかける 変身と再生の日本史——黒田　智
変貌する清盛 『平家物語』を書きかえる——樋口大祐
鎌倉　古寺を歩く 宗教都市の風景——松尾剛次
鎌倉大仏の謎——塩澤寛樹
日本禅宗の伝説と歴史——中尾良信
水墨画にあそぶ 禅僧たちの風雅——高橋範子
日本人の他界観——久野　昭
観音浄土に船出した人びと 熊野と補陀落渡海——根井　浄
浦島太郎の日本史——三舟隆之
宗教社会史の構想 真宗門徒の信仰と生活——有元正雄
読経の世界 能読の誕生——清水眞澄
戒名のはなし——藤井正雄
仏画の見かた 描かれた仏たち——中野照男
ほとけを造った人びと 止利仏師から運慶・快慶まで——根立研介
〈日本美術〉の発見 岡倉天心がめざしたもの——吉田千鶴子
祇園祭 祝祭の京都——川嶋將生
茶の湯の文化史 近世の茶人たち——谷端昭夫
海を渡った陶磁器——大橋康二
時代劇と風俗考証 やさしい有職故実入門——二木謙一
歌舞伎の源流——諏訪春雄
歌舞伎と人形浄瑠璃——田口章子
落語の博物誌 江戸の文化を読む——岩崎均史
大江戸飼い鳥草紙 江戸のペットブーム——細川博昭
神社の本殿 建築にみる神の空間——三浦正幸
古建築修復に生きる 屋根職人の世界——原田多加司
大工道具の文明史 日本・中国・ヨーロッパの建築技術——渡邉　晶
風水と家相の歴史——宮内貴久

歴史文化ライブラリー

歴史文化ライブラリー

世界史

海のモンゴロイド ポリネシア人の祖先をもとめて――片山一道
黄金の島 ジパング伝説――宮崎正勝
琉球と中国 忘れられた冊封使――原田禹雄
古代の琉球弧と東アジア――山里純一
アジアのなかの琉球王国――高良倉吉
琉球国の滅亡とハワイ移民――鳥越皓之
王宮炎上 アレクサンドロス大王とペルセポリス――森谷公俊
イングランド王国前史 アングロサクソン七王国物語――桜井俊彰
イングランド王国と闘った男 ジェラルド・オブ・ウェールズの時代――桜井俊彰
魔女裁判 魔術と民衆のドイツ史――牟田和男
フランスの中世社会 王と貴族たちの軌跡――渡辺節夫
ヒトラーのニュルンベルク 第三帝国の光と闇――芝 健介
スカルノ インドネシア「建国の父」と日本――後藤乾一・山﨑 功
人権の思想史――浜林正夫
グローバル時代の世界史の読み方――宮崎正勝

考古学

農耕の起源を探る イネの来た道――宮本一夫
O脚だったかもしれない縄文人 人骨は語る――谷畑美帆
老人と子供の考古学――山田康弘
吉野ケ里遺跡 保存と活用への道――納富敏雄
〈新〉弥生時代 五〇〇年早かった水田稲作――藤尾慎一郎
交流する弥生人 金印国家群の時代の生活誌――高倉洋彰
古　墳――土生田純之
銭の考古学――鈴木公雄
太平洋戦争と考古学――坂詰秀一

各冊一七〇〇円～一九〇〇円（いずれも税別）
▽残部僅少の書目も掲載してあります。品切の節はご容赦下さい。